心的詩偈。

信心銘講錄

聖嚴法師 著

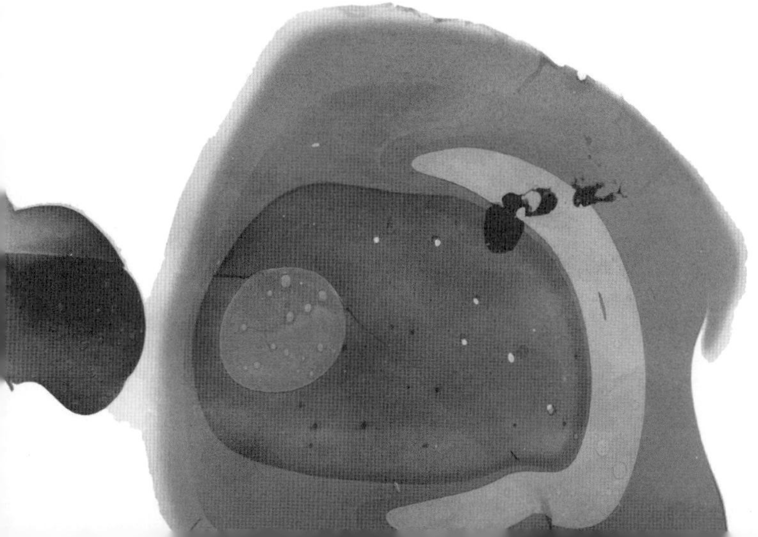

中文版自序

我的有關禪修指導的英文著作，到目前已出版了八種。

本書的英文版（編案：*Faith in Mind*）於一九八七年由紐約的法鼓出版社刊行，一九九一年即被義大利羅馬的 Ubaldini 出版公司譯成義大利文問世，嗣後有捷克文、法文的譯本，同時也被幾位學者摘要收錄在他們的著作中，所以本書英文版乃是我的英文著作中最受歐美人士重視的一種。

本書是我於美國禪中心四次主持禪七的開示，依據三祖僧璨的〈信心銘〉逐句講解，藉以指導禪修。然後由幾位弟子依開示錄音整理成文，編寫成為本書的英文版。

直到一九九四年，先由單德興教授將英文著作翻譯成中文，而後游振榮、張文嬿、江美寶三位居士又依開示錄音帶之中文部分整理成稿。一九九四年夏天單德興教授利用到美國哈佛大學研究訪問期間，抽空將這兩份譯稿及謄稿彙整比對，決定捨棄大部分的譯稿，改依照謄稿的條理及文句加以文字潤飾，章節方面則依英文版，完成初稿。最後由溫天河居士根據原錄音帶的中文部分校正補充。

一九九五年夏天完稿交到我的手上，始終無暇審閱，帶來美國，一過又是半年，在我又將返國之前，粗讀一遍，覺得它應該可以在國內出版了。

藉此機會，我要向本書英中等各種版本的編者、譯者、潤文者、校讀者，表示敬意和謝意。他們都是在百忙中義務奉獻了心力和時間，這項功德將與本書一同流傳。

一九九五年十二月三十一日聖嚴序於紐約禪中心

前言

三祖僧璨（西元？—六〇六年）的生平載述不詳，《唐高僧傳．法沖傳》僅提到「可禪師後璨禪師」。《楞伽師資記》收錄了禪宗早期的史料，也只提到僧璨「隱思空山，蕭然淨坐，不出文記，祕不傳法」，而此說可疑。因為根據隋史記載，僧璨於隋文帝開皇十二年（西元五九二年）度四祖道信，並非「祕不傳法」；其次，因為此詩歷來被視為僧璨所作，所以「不出文記」之說難以成立。不過，〈信心銘〉是否真的為僧璨所作，近代已有學者提出懷疑，理由是：道信之徒牛頭法融著有〈心銘〉一詩，一些學者注意到二詩相似之處，因而主張〈信心銘〉應成於六祖惠能之後，是對〈心銘〉的修訂與濃縮。的確，〈信心銘〉所表達的思想比牛頭法融的〈心銘〉更具條理、精鍊而完整。

然而，作者是誰與我在這裡講解〈信心銘〉無關。這首詩之所以對我們重要，乃在於做為禪修指導和在中國及日本禪宗史上的意義。在許多討論開悟的詩歌中，最為人看重的就是〈永嘉證道歌〉和〈信心銘〉，因為它們為禪法提供了明白的指引，所以我就特別利用主持禪七的機會來講解〈信心銘〉。

本書共二十講，根據的是四次禪七的開示，經過整合編輯後，做為出版之用。由於是在密集禪修場合裡講的，所以並不是採取學術的觀點或分析的角度，針對正文逐字逐句地講解，而是藉著詩文的意旨來激勵修行者，並處理修行過程中發生的某些問題。

〈信心銘〉目前至少有五種英文譯本，可說各有所長。我的英譯雖然和它們大體相似，不過也有很不一樣的地方，反映了我自己對於這首詩的領會。

講述〈信心銘〉時，我經常向禪眾說：「既然你們在修行，我談不談〈信心銘〉其實並不重要——我主要是用這首詩來教導你們修行的方法。」修行者的心境、狀況日日不同，禪七也次次不同。因此，我用自己對這首詩的討論來面對眼前發生的狀況，卻又不離全文的範疇。我相信這些開示不管對初學或老參都會有益，對我個人也有助益，讓我隨著不同情境而對這首詩有新的領會。

「信心」一詞具有二義：「相信心」和「實現心」。禪宗特別強調「心」。「信心」就是相信我們有個基本、不動、不變的心。此心即佛心，也是一切眾生的如來藏。但凡夫在煩惱中體驗的心是妄心，不是真心。尋求擺脫煩惱的人想像有真心可得。然而，從佛的觀點來說，只有一心，非真非妄，無須分別，因為事事處處皆永恆不變。我們真正見到佛心時，相信之心和被信之心合而為一，既然相同，也就不需要信心了。

矛盾的是，開悟者才會對此心有信心。三祖僧璨是從徹悟的觀點來開示尋求真心的修行者，指引修行者如何把凡夫的分別心轉化為佛的無分別心，如何由有入空、轉垢為淨。他告訴我們修行時應如何修持、應抱持何種心態：心無愛憎，既不該否定煩惱，也不該尋求開悟。修行本身就是目的；只要不存其他目的，終能實現平等心——沒有分別，言語道斷，無行可修。

本詩中的一些觀念對後來的曹洞宗影響至深，如「一念萬年」所表達的觀念是一念不動卻又明照。這個觀念後來成為宏智正覺默照禪的標記。此一傾向也反映在有關僧璨教誨的另一僅存的文字記錄，即舒州刺史獨孤及於唐代宗大曆六年（西元七七一年）所撰僧璨大師的〈賜謚碑〉。碑文要旨在於「寂」「照」同修：「觀四維上下，不見法，不見身，不見心，乃至心離名字，身等空界，法同夢幻，無得無證，然後謂之解脫。」

信心銘

三祖僧璨

至道無難，唯嫌揀擇。但莫憎愛，洞然明白。毫釐有差，天地懸隔。
欲得現前，莫存順逆。違順相爭，是為心病。不識玄旨，徒勞念靜。
圓同太虛，無欠無餘。良由取捨，所以不如。莫逐有緣，勿住空忍。
一種平懷，泯然自盡。止動歸止，止更彌動。唯滯兩邊，寧知一種。
一種不通，兩處失功。遣有沒有，從空背空。多言多慮，轉不相應。
絕言絕慮，無處不通。歸根得旨，隨照失宗。須臾返照，勝卻前空。
前空轉變，皆由妄見。不用求真，唯須息見。二見不住，慎勿追尋。
纔有是非，紛然失心。二由一有，一亦莫守。一心不生，萬法無咎。
無咎無法，不生不心。能隨境滅，境逐能沉。境由能境，能由境能。
欲知兩段，元是一空。一空同兩，齊含萬像。不見精粗，寧有偏黨。

大道體寬，無易無難。小見狐疑，轉急轉遲。執之失度，心入邪路。
放之自然，體無去住。任性合道，逍遙絕惱。繫念乖真，沉惛不好。
不好勞神，何用疎親。欲趣一乘，勿惡六塵。六塵不惡，還同正覺。
智者無為，愚人自縛。法無異法，妄自愛著。將心用心，豈非大錯。
迷生寂亂，悟無好惡。一切二邊，妄自斟酌。夢幻空華，何勞把捉。
得失是非，一時放卻。眼若不眠，諸夢自除。心若不異，萬法一如。
一如體玄，兀爾忘緣。萬法齊觀，歸復自然。泯其所以，不可方比。
止動無動，動止無止。兩既不成，一何有爾。究竟窮極，不存軌則。
啟心平等，所作俱息。狐疑盡淨，正信調直。一切不留，無可記憶。
虛明自然，不勞心力。非思量處，識情難測。真如法界，無他無自。
要急相應，唯言不二。不二皆同，無不包容。十方智者，皆入此宗。
宗非促延，一念萬年。無在不在，十方目前。極小同大，妄絕境界。
極大同小，不見邊表。有即是無，無即是有。若不如是，必不須守。
一即一切，一切即一。但能如是，何慮不畢。信心不二，不二信心。
言語道斷，非去來今。

目錄

至道無難

至道無難，唯嫌揀擇。但莫憎愛，洞然明白。毫釐有差，天地懸隔。

各位來參加禪七是為了修行。修行本身就是你們的目的，就是你們的成績和結果，不要希望參加禪七是要來開悟的，或急著要得到其他什麼成果。諸位之中有些是不辭遠途來參加禪七的，有些則是很不容易才抽出時間來參加禪七，因此對禪七的修行懷有企盼和目的，這是無可厚非的。然而，一旦進入禪堂，就必須放下任何的企盼和目的。因此，禪七之前最好的心理準備就是把身體、頭腦、心情放輕鬆。

心存企盼和目的來修行，就像用扇子追著去接飄蕩在空中的羽毛一樣，愈追飄離得愈遠；若是全神貫注，腳步輕盈緩緩而上，反而能夠接住。修行就是鍛鍊我們的心，使它趨向穩定、安靜、不動。如果一面修行、一面貪求不斷，只會增加煩惱，並沒有真正在修行，因為任何執著或企求都會使心不定。

今天有人告訴我說他在參話頭，可是愈參愈難過，愈參心裡好像打了結，覺得很不舒服，不知道怎麼辦。我就告訴他：「你的問題主要是希望速得成果，像繩子綑成了結，又好像變成一把刀來刺你的心。」你愈是驅策自己，就愈覺得緊張，緊張就會造成不舒服。同樣的道理也適用於身體。身體如果覺得疼痛，便很緊張，迫不及待地想趕走痛苦，那只會痛上加痛，這時只要把身體放鬆，疼痛就不會加劇了。

有人平時呼吸順暢，可是一打坐呼吸就有問題，那是因為他希望使呼吸更暢通。其實，呼吸原本沒有問題，就是為了要求呼吸更規律、順暢、飽滿，反而使得呼吸困難。因此，凡是心念在自己的身體時，身體就會出現問題：一在意呼吸，呼吸就會出現問題；一在意氣管，氣管就會出現問題；在意頭部、在意腿部、在意背部……只要在意身體任何部位，那裡就會出現狀況。所以身體發生任何現象和反應時，最好的處理方式就是不管它。首先，不理會身體上的任何反應；其次，不理會心理產生的任何現象。所以，當身體不舒服時，就把不舒服的部位放鬆；有任何不由自主地抖動和跳動，都是由於肌肉緊張，就更需要放鬆；

如果心裡產生困境，也不要理它，時時回到方法上，不但要回到方法上，而且要專心一意用方法，不要去想方法對自己有什麼好處。總之，身心必須放輕鬆。

全詩第一句「至道無難」中的「至道」指的是佛的智慧、佛的果位，代表最高的成就。我常說，成佛很容易，只要一念不生就可以成佛，因為佛根本就沒有離開過我們，原本就與我們同在。但是，我們為什麼得不到佛智、成不了佛果呢？

第二句「唯嫌揀擇」就是最好的答案——正因為我們怕煩惱而欲見佛性、欲得佛智，所以反而見不著、得不到。另一個原因就是我們有觀念之累，認為有生死與涅槃、眾生與佛、煩惱與菩提之區別，以致無法見到佛性、得到佛的智慧。

「但莫憎愛，洞然明白」就是說：只要拋棄愛憎，至道立即現前。四祖道信說「不作諸善，不作諸惡」，六祖惠能說「不思善，不思惡」，指的都是同一件事：只要停止分別善惡，立即可見本來面目，也就是了悟「至道」。

諸位打坐時是否討厭腿痛、心煩、昏沉、用不上力呢？晚上不能入睡，隔鄰卻睡得很熟，自己會不會心煩？這時如果有人打鼾，你心裡會不會更煩呢？因為有厭煩之心，更使你難以入眠。遇到這種情況，不妨收起厭煩之心，改用一種欣

丙子端午前
曾允執敬画

賞的態度開始來數鼾聲，漸漸地鼾聲就會變成催眠曲，讓你酣然入寐。

相反地，打坐時若執著於美好的經驗也會成為障礙。有人打坐時覺得身體抖動得很舒服，就任它抖，我叫他不要抖，他說這樣抖著覺得很舒服，我說：「這樣就沒辦法修行了，修行不是叫你舒服的，一定要控制它不要動。」他卻覺得自己控制不住，身體就是會自發地抖動。其實，這個動不一定是身體緊張所引起的，而是覺得動得很舒服、很喜歡，下意識指揮身體去動。所以要制心，指揮自己的心去找出真正問題所在，身體抖動、搖動或跳動，一定是哪個部位緊張，腿動可能是腿緊張或只是腹部緊張，你自己不難察覺，察覺到就讓緊張的部位放鬆，否則修行就不得力。由此可見，有愛憎之心就遠離至道，無愛憎之心則與至道相應。

「毫釐有差，天地懸隔」意思是說：只要有一絲一毫的認識不清或誤解，你與至道之間就會變得天差地別了。也就是說，不要誤認既然不該有愛憎之心，於是對任何事情都抱著不痛不癢的態度來應付。如果抱著這種態度，就不必來打禪七了。

發心修行時一定要有目標。因為知道自己有許多的問題，想改變自己，才會安心修行。因此，修行本身就意味著某種目的。為了實現原先的願望，必須把心放在修行的方法上。但正在使用方法時，不要去想：「我的心為什麼安定不下來？為什麼這麼多問題惹得我胡思亂想？我要見的佛性為什麼還沒見到？」不要費心思在這些問題上。心不安定，胡思亂想，就不必理會它，只管用方法。

因此，有兩句話對修行者很重要：「放下萬念，提起工夫。」「萬念」就是種種的雜念，「工夫」則指所用的方法。我們隨時隨地都會生起許許多多的念頭，只要察覺到任何念頭生起時就立即放下，並且及時提起方法，千萬不要連方法也放下。例如：老婆的不好、先生的差勁、愛人的倩影、賺錢的機會等等，通通要放下來，把心轉回到修行的方法上。

有位年輕人來打禪七，我問他：「這幾天有沒有雜念？」他回答：「有，但不太多。」我問：「最放不下的是什麼？」他說：「沒什麼放不下的。」我說：「有一樣是你最最放不下的：你和女朋友分離得那麼遠，一定很想她。」他回說：「師父！我並沒有想她，你為什麼要這麼說呢？」禪七結束後，他對我說：「師父，原先我真的一點也不想女朋友，但師父這麼一提，我卻不由自主地想她，停都停不住。」我告訴他說：「修行要提得起，放得下，提起之後放不下來，那不是真的放下，只是騙自己不想而已。」

禪七剛開始不可能說放下就馬上放下。「放不下沒關係」，能這樣想也就是放下了。不要一直擔心「為什麼我還放不下」，這樣會使自己更麻煩。不要怕失敗，失敗沒有關係，但也不要覺得：「反正是失敗，乾脆明天就回家！」或：「這次我沒準備好，身體不舒服，來的時候頭腦不清楚，可能受的刺激很多，或者太興奮了，這次沒有準備好，算了，下次再來！」千萬不要屈服於這種失敗的心態。中國有句俗語：「百鳥在樹，不如一鳥在手。」如果把手中僅有的那隻鳥放棄，奢想去捉樹上的千百隻鳥，結果連一隻也捉不到。因此，雖然你覺得現在的情況很不理想，但置身於禪七中，依然是修行的大好因緣。

莫存順逆

欲得現前，莫存順逆。違順相爭，是為心病。

若要至道、佛道現前，就不該存有「順」、「逆」兩種心。何者是「順」？何者是「逆」？「順」是指喜歡的心，「逆」是指不喜歡的心；有此喜歡、不喜歡的兩種心，佛道就不會現前。修行時不該心存愛憎、患得患失。有人打坐很得力，自認快開悟了，於是就在那裡等開悟。其實，自覺快開悟時，心已散亂了，又如何能開悟？

曾經有位參加禪七的人在開始時非常努力用功，因此心理狀態產生某些明顯的轉變，當他察覺到時就驚慌了，心想：「現在的我很好，如果變得連自己、連朋友都認不得了，那該怎麼辦？」這樣一想的結果，那次禪七打得一塌糊塗。這種矛盾心態經常影響修行者。參加禪七的目的就是為了改善自己，有所轉變時卻又擔心害怕。其實，修行能使自己變得更成熟、沉著、穩定，更像一個人，絕不會變得更鬼里鬼氣。自古以來許許多多大修行人經過一番修持之後，都變得更踏實、更有智慧。因此，既然來修行，就不要害怕轉變。

這種既希望得到又怕得到，希望進入又怕進入的矛盾心態，其實也是正常的反應。記得我年輕剛出家時也是如此，想到自己能夠出家就覺得很興奮，真正上山要剃度成為出家人時卻又心生恐懼，不知道將來在寺廟裡會遇到什麼事，心裡一則以喜、一則以憂。有一些相信天堂的人也可能害怕死後升天堂，因為不知道真正上了天堂之後會有什麼結果。

一般人這種藏在內心深處的「我愛」平常並不明顯，在修行時就容易暴露，當弱點暴露時就表示修行有了障礙。我把這種情況告訴諸位，希望一旦出現這種恐懼的時候要及時察覺，不使它成為修行的障礙。

順與逆是相對的，因為有所喜歡就一定有所不喜歡，喜歡之物得不到就變成不喜歡。這種衝突的心態對於平常人是病，對於修行人更是大病。因此，我們在修行的過程中不但要認清它，更要治療它；毛病消失時，便是見道處。所以，修行是來治病的。

不識玄旨，徒勞念靜。

如果掌握不住前面幾句的深意要旨，不管多麼用功終究徒勞無益，也不可能得到安靜。因為這並不是真正在用功，而是前念與後念不斷衝突，在這種情況下心又如何能安靜呢？

其次就是憎惡散亂、喜歡清淨，於是念念之間一直告訴自己：「不要散亂，不要散亂……。」這也可以使念頭逐漸安靜下來，但心裡卻又在想：「我得到寧靜了，這正是我所要的……。」結果對於自心的寧靜生起執著。以這種心態來修行，第一，不容易得到安靜心；第二，縱然得到安靜心，也屬於執著於安靜的心而已。雖然如此，也已經很不容易了，總比心裡一直自我掙扎要好得多，但還不是很好。如果停留在這種情境會造成很多不必要的困擾，比方說，什麼都不要，只想寧靜修行。獨處時也許能保持這種心境，若不得不與人來往，可能就會有事情煩擾。孩子的吵鬧聲、朋友的來訪、工作的壓力……都可能困擾你。諸位中有一位打坐時會往後倒，我警告她不要倒下來，怕造成腦震盪。她回說：「正好讓我什麼事都不知道，那該有多棒！」我說：「妳倒好，但誰來照顧妳？誰來照顧妳的先生、孩子？腦震盪是生病，不是開悟，妳的問題依然沒有解決。」連修行與愚癡、智慧與無明、煩惱與清淨都分不清，這種修行人只是糊塗蟲。

所以不該只求維持在寧靜的境界，那會墮於消極。如果心定不下來，不要覺得憎惡。對於不愉快的事不要排斥，對於愉快的事不要執取。把愉快的境界誤認是開悟，會給自己招惹麻煩。如果愉快的境界生起，不要執著於它，只要繼續修行。修行禪法的人不能貪著靜境，而且禪宗也沒有要人甘於消極性的禪定。例如《六祖壇經》說：「此門坐禪，元不著心，亦不著淨，亦不是不動。」又說：「有人教坐，看心觀靜，不動不起，從此置功。迷人不會，便執成顛。如此者眾，如是相教，故知大錯！」真正的工夫，要能隨時安定、隨時起動，而在動中還能夠安定，安定以後要起來隨時可以起來。禪是活活潑潑的修行，靜中得靜，不稀奇，必須訓練出動中能得靜的本事。

圓同太虛，無欠無餘。良由取捨，所以不如。

前兩句告訴我們正確的態度和情況。「太虛」不是一無所有，而是無所不有；它沒有個別的存在，只有整體的、普遍的存在。對於修行人而言，未達到「至道」之前先要練習拋棄愛憎的心態，因為有欲求、有厭惡就會帶來困擾，你所討厭的與你所喜愛的，只是事物的一體兩面而已。

從前有位大地主必須找許多人幫忙種田。他很欣賞他們努力工作，卻很討厭他們的飯量那麼大，心想這些人如果只做不吃的話就太好了。其實，他的喜歡和不喜歡根本是同一件事，既然是同一件事，就不必高興得到了喜歡的東西，說穿了，得到的也正是厭惡的東西，反之亦然。

有些人花了許多時間、精神談戀愛，好不容易追上了女友，婚後過了一段快樂的日子，可是好景不常，太太基於愛戀丈夫，便限制先生的行動，不能隨心所欲，先生想回到單身，卻為時已晚。

所以，修行人要時時刻刻鍊心，不追求什麼，也不討厭什麼，因為一切好、壞原本是一體的。當我們認為得到時，其實並沒有得到；認為失去時，也並沒有失去——既然是整體，就無得無失。當我們見到佛法的智慧時，看到的一切都是完整的、現成的，沒有一樣心外之物，全都是自心的顯現。人之所以不自由是因為有所揀擇、取捨，因而覺得有欠有餘。無取無捨則一切現成、圓滿。因此，修行時不要貪求好現象，也不要討厭壞境界，只有不拒不求，才能無欠無餘。

一種平懷

莫逐有緣，勿住空忍。

一般人不是執著於「有」，認為自己的念頭、思想、身外之物都是實在的，就是執著於「空」，認為反正死後一無所有，一切問題都得以解決，或一切都是假相，沒什麼好執著的，因此玩世不恭，甚至自殺。

其實，執有、執空都不是正確的態度。我已經說過了執著於有的危險，「有取有捨」，追求自己喜歡的，拒絕自己厭惡的。另外，有人打坐時可能心中一片空白，這看來接近開悟，其實很不一樣。開悟的境界是前念不生，後念不生，當下一念也不生。但是空無境界的人則只是坐著，不思、不做，並不是真正在修行。這種人的確有一個念頭：前念生起，但不相干；後念可能生起，但也不相干；至於當下一念，就隨它去。這個人可能認為他不執著於自己的念頭，事實上這和真正的悟境相去甚遠，是「頑空」，而不是「真空」。

如果到沒有念頭，很寧靜、安穩、舒服，這種平和的境界最高能達到無色界的「四空定」。但若執著於「四空定」則是外道，永遠無法見到自性。

一種平懷，泯然自盡。

「平懷」是指心已證悟到一切平等，凡聖一如，沒有任何分別、對立，也就是前面所說的不住空有，因空有不二才是平等，既然沒有分別，也就完全一樣，但也沒有一樣東西存在那裡。

我在講《圓覺經》時曾說：「佛看一切眾生都是平等的，而且同時知道一切眾生心中所想、所動的每個念頭。」有人就說：這怎麼得了？所有眾生都把念頭一齊拋進佛的腦袋裡，那豈不像垃圾桶一樣亂了！

我說不會的，這情形就好比用高性能相機拍照，只要快門一按，鏡頭前的任何景象一瞬間全部攝入，相機並不會說：「討厭，那麼多東西要怎麼照！」相機並不區分好壞、長短、顏色，而是把一切事物按原樣攝入。換言之，雖然被它攝入的事物樣樣不同，但它平等對待，原樣呈現。

佛心也是一樣。平等心意味在萬事萬物之間沒有相對的觀念，所有內、外，自、他，過去、未來等等對立都不存在，每件事物都是絕對的，不再有分別。一旦不再分別，那麼存在「有」也就消失了，這叫「泯然自盡」。比方說，如果全世界所有人都是男性，那麼「男人」這個標幟就用不上了，因為它唯一的目的就是要和女人區分。既然每個人都一樣，就不需要姓名了。如果你對一切事物抱著平等的態度，那麼所有的分別就會消失，而存在「有」本身也隨之消失。

有一次，我把香板遞給一位禪眾，問他：「這是什麼？」他抓住香板搖了幾下。他之所以這麼做，是因為無從命名。我們可以把它稱作香板，但這只是我們的分別心。為什麼我們必須把它稱作「香板」呢？

還有一次，我站在一個人面前，問他：「站在你面前的是誰？」他回答說：「雞蛋。」禪七結束時，我問他：「為什麼師父是雞蛋？」他回答說：「師父問我的時候，當時沒有任何念頭，脫口就答說『雞蛋』，為什麼會說『雞蛋』，我也不知道。後來我想：『不對呀，師父怎麼會是雞蛋呢？』可是，既然已經說出口，也就算了。」當他說「雞蛋」時，那是正確的答案。其實，他那時隨便說什麼都對，因為他心裡沒有任何念頭——處於絕對的狀態，沒有任何區別。可是，一旦起疑、思慮，就失去了答案。

也許這次禪七中我也會站在你面前問：「站在你面前的是誰？」你想到師父說過，有人說他是雞蛋，那麼我就給他個類似的答案，乾脆說師父是豬肉。如此，只要生起找個答案的念頭，那麼不管答什麼都錯，因為這是分別心，而不是平等心。

止動歸止，止更彌動。

前面講平等心，也就是普遍不動、沒有起伏、沒有分別的心。這兩句緊接著提醒我們用功的方法。你的心本來可能已經處在相當平穩的狀態，但是一想到自己的心並非完全不動、沒有起伏、沒有分別，於是就努力地想更進一步使心完全不動，結果適得其反，心動得更厲害、更煩躁，比原先更不穩定。這就像是看到盆子裡的水面有些波紋，就想用口把水波吹平，結果愈吹波紋愈多，接著想用手把水撫平，結果愈撫愈不平。反之，如果置之不理，波紋終究會消失，水面也就平靜了。一般人都有這種常識，但在修行時對心的處理上卻不知如法炮製。我們應該學學這種常識。

我們經常說，修行時全心全意放在方法上，不要去管心裡的念頭好或不好、工夫著不著力。修行時不必著急，只要繼續不斷用方法就行了，不要時時自我檢查是不是比剛才好一些？比昨天進步一些？在晚上開示時，我可能會問你：「今天的情況如何？」這時你可以回答：「今天好多了」或「今天不太好」。但是在用功時，絕對不該檢查、評斷自己修行的進境。

有人對我說：「師父，我很慚愧，一次次來打禪七，卻沒有任何進步。」我說：「你還來參加禪七就是進步。」他說：「可是，我沒有感覺到自己在進步。」我說：「你不需要感覺進步；來參加修行就是進步。」

因此，我們要以平等心來修行，不要分別好壞，不要檢討對錯，不要比較打七前和打七後。如果方法還能用，就不要隨便換方法；如果覺得這個方法不能用時，可以換一種方法，但必須明瞭為什麼自己用不上這種方法。切不可好奇，今天用一種方法，明天換另一種方法，或這支香用一種方法，下支香換另一種方法，這是不對的。其實，任何方法都是一樣的，選定了一種方法之後就應該專精不二。就像愛情一樣：愛一個人時，應該要愛到底才對，不可以今天愛張三，明天愛李四。修行時，不可時常變換方法或觀念，否則徒增煩惱。

非有非空

唯滯兩邊，寧知一種。一種不通，兩處失功。

這四句是針對分別心說的，有分別心就有對立，所謂「對立」一定要有兩樣以上的事才能產生；換言之，「對立」就是「不統一」，也就是「兩邊」。不能統一的話，那對於對立的事物所知也就失真。換言之，不能統一時，就不能認清事物。

對修行人來說，他追求的是悟境或最高的佛道。此時佛道是一物，追求的人是另一物；或者佛道是一物，追求之心是另一物。追求佛道時，已把自己和佛道對立了。等他進一步知道自己從未與佛道分離，只是沒有親身體證過，於是希望開發自己的佛道。然而，即使是自我開發，也還是在尋伺之心（開發）和佛性（被開發）之間製造對立，這樣依然是二分，既有「兩邊」就不能統一。

既然如此，那麼不追求任何事物是否就正確呢？每天早晚課時我們都發〈四弘誓願〉，第四願就是「佛道無上誓願成」，這表示我們希望成佛。如果希望成佛會造成對立，那麼發這個誓願用意何在？反之，如果我們不訂下成佛的目標，便永遠不得成佛。那麼我們應該怎麼辦呢？其實，禪的修行第一要有大信心，第二要有大願心，第三要有大憤心，第四要有大疑情。所以先有信心是對的，相信本來就是統一的，也就是相信「一種」，然後再依法修行。

凡夫滯於兩邊。西方的宗教、哲學也是淪於二元對立的狀態，他們雖然也講「一種」，所謂「唯一的神」，但是知道神的是人，神是對人而有的。禪在未修行之前就要相信只有「一種」；其實「一種」的「一」並不是禪的根本，而是道家的「道」之根本。「一」不是禪，禪不是「一」。此處講的「一」是要我們想到公案中所說的：「萬法歸一，一歸何處？」如果一切法、一切事物都屬於「神」，那麼「神」又歸於哪裡？

〈信心銘〉教人修行的方法，平等、不二就是修行用功的起點。我們有許多人用數息法，希望心能達成統一——數呼吸數到無數字可數，無呼吸可數，連要數的念頭也消失了，只剩下一個「我」存在。

參公案、話頭在開始階段也可能如此，參、參、參，參到話頭不見了，不是爆炸而是沒有了。但話頭不見了並不就是變成了一心——因為雖然話頭不見了，你可能還是有參話頭的念頭。如果話頭沒有了，想參的念頭也不見了，這表示在一種非常平靜穩定的情況下失去了我的感覺、失去了方法、失去了要用方法的念頭、也失去了自己在修行的念頭，這時才是統一心。體驗過統一心的人多少和普通人不一樣，他的信心會特別堅定，因為他已親身體驗到沒有分別心時是何等的情境，而一般人頂多只能在知識上認知無分別心。

「一」借自道家所說的：「道生一，一生二，二生三，三生萬物。」這裡三祖借用道家的說法來說明，如果想要達到「至道」——至高的佛道，就得先達到「一」。換句話說，必須先達到「一」，才能進入「至道」，也就是禪。

我常說禪的修行應依照以下的次第：散心，集中心，統一心，無心。先把散亂的念頭集中起來，再從集中心到統一心，最後一舉從統一心進入無心。從統一心進入無心的過程中，運用公案或話頭比較容易奏效，也就是說，運用公案或話頭把「一」粉碎、爆炸。失去了「一」，是不是意味全部都失去呢？失去了「一」，是從「一」中得到解放，再度回到自然。否則停留在「一」的狀態就會成為宗教上「唯神」的「一」，或是處於外道的定境。因此，必須超脫「一」，而恢復自然，也就是無心，因為「無」就是「至道」、就是「禪」。因此，三祖借用道家的思想，卻又超脫了道家的思想。

修行時不能抱著追求「一」或「無」的意念，不要存有「我要把心統一」、「我要把心粉碎」的念頭，因為有取有捨便離開了修行之道。應該只是單純地用方法，抱著方法「從一而終」，用方法的當下就接近了「一」，不斷地只管用方法，漸漸地方法不見了，就得到了「一」。

有一位六十多歲的人沒參過禪，他對我說：「師父，我年紀這麼大了，盼望能趕快開悟，再不開悟就沒希望了。」我說：「正是因為你年紀這麼大了，更不該只想開悟，而該專心修行。」那人問道：「師父，你怎能光教我修行，而不教我開悟？」我回答說：「我不能只教你開悟，否則這輩子根本沒希望開悟。如果只教你修行，而你也能精進修持，至少會接近開悟。修行是功不唐捐的。」

遣有沒有，從空背空。

這兩句的意思是說：極力想丟棄「有」，反而會陷入「有」的泥淖；一心想追求「空」，反而更背離了「空」。

宋朝的名相張商英起初不信佛，而且很崇拜反對佛教的韓愈，因此想寫一篇〈無佛論〉來勸世人不要信佛。他利用公餘的夜間構思文章，妻子看他到了半夜還不睡覺，就問他在做什麼？他說：「佛真討厭，我想寫一篇〈無佛論〉來反對他。」妻子覺得很奇怪：「既然沒有佛，還寫什麼〈無佛論〉？這不就像拳打虛空嗎？」這句話點醒了他，他想想可能佛是還有些道理，就開始研習佛法，後來開悟，成為禪宗史上的大居士，與大慧宗杲[1]同屬圜悟克勤（西元一〇六三—一一三五年）的門下。

我說這個故事主要是說明：你想要否定一樣既有事物的存在，事實上已經肯定了它的存在，所以，想遣去「有」，結果是陷於「有」中。

又如，一般人認為把一樣東西一丟，就算丟掉了，但是不是就真的丟掉了呢？就局部來看，確實如此；但從整體來看則並非如此。就像我們總是生存在這個地球上，無論怎麼將東西丟來丟去，它總還是在地球上。

《西遊記》裡的齊天大聖孫悟空本領很大，可以一個觔斗翻出十萬八千里。他跟如來佛打賭可以輕易地翻出如來佛的掌心，說一聲：「我出去也！」就一個觔斗翻出去，落地之後，看見前面有五根肉紅色的柱子，以為到了天邊，心想已經贏了，為了留下證據，於是就在中間的柱子上寫了「齊天大聖到此一遊」八個字，順便又在第一根柱子下撒了一泡尿，然後一個觔斗翻回如來的跟前，如來佛伸掌給孫悟空一瞧，才發覺如來佛的中指上寫著「齊天大聖到此一遊」，大拇指還隱隱傳來猴尿的臊味，不由得大吃一驚。這個故事的寓意就是：眾生再怎麼翻也無法跳脫五蘊，在五蘊中做的任何事最後還是要由自己承擔。如果你拋下什麼東西，最後依舊必須自己收拾。例如大家圍坐，我把一團髒東西扔給第二個人，第二個人趕緊扔給第三個人，一個扔給一個，最後又扔還給我，到頭來不但還是得自己處理，也困擾了別人。

因此，我們有了煩惱根本不需要丟，只要坦然面對，小心處理就行了。有人說：「師父，我的業障很重，煩惱很多，請您幫我念念咒，我的業障、煩惱就沒有了。」我說：「自己的業障要自己承擔。如果我念念咒就消了你的業障，不就把業障變成我的了嗎？」所以，有了問題、困難，不要把它當成問題、困難，就會沒事的。如果一定把它當成問題或困難而排斥它，反而使自己更困擾。

此處的「遣有沒有」指的是剛開始修行的人，身、心上都遭遇很多的問題，因此老是跟自己的身、心鬥爭。我常聽一些修行人說：「我現在要把所有的問題都克服，要消滅它們。」這反而表示與自己的身、心鬥爭，自己跟自己過不去。

「從空背空」則更進一步，已經修行到了「空」的程度。自己能感覺到什麼都不存在，什麼都可以放下時，已達到一切皆空的狀態。「我沒有煩惱、執著、愚癡，我什麼也沒有了。」這是已有相當程度的修行人，到達了一切皆空的狀態。但是如果僅止於此，只是外道的修行，頂多是在「空處定」、「非想非非想處定」而已。

我看過很多修行人，開始的時候很勇猛精進，可是維持不了多久，就兵敗如山倒，放棄了修行。為什麼？因為他們想克服的問題沒法子克服，認為自己那麼精勤努力地修行，結果愈修身體的病愈重、心裡的煩惱愈多，修行簡直不是人做的事，最後就從修行的路上退轉。另外還有好些人，努力修行的結果卻被看成是魔鬼、魔王。為什麼呢？因為被認為是著了魔。相對之下，不修行的人反而沒有事，是行為正常的好人。這兩種修行當然都是有問題的。修行人如果沒有老師正確的幫助與指導，或自以為會修行、能修行而不接受老師的幫助與指導，結果不是因為身、心出了狀況而失去對修行的信心，就是可能著魔。

記得我三十多歲時，在臺灣南部山中閉關，平日除了研經打坐之外，也常寫文章對外發表，於是就有幾個人特地來看我，好意地告訴我說：「你應該好好修行啊！怎麼可以如此懈怠！我們每天只睡四個小時，而且是不倒單，每天只吃一頓飯，所有的時間幾乎都用來打坐參禪，生死要緊啊！怎麼還有時間看經、寫文章呢？」這些人當時都和我差不多年紀，可是後來沒有多久都往生了，沒有一個活的。因此，要請各位注意，精進當然是必要的，但修行時的心態也很要緊，老是想一定要丟掉什麼，或一定要求到什麼，都會帶來麻煩。

這裡再次提示修行的態度和基本原則：不要企望追求什麼、抓住什麼或丟掉什麼，只要繼續不斷用方法；不要管自己有沒有達到統一心，能達到什麼程度就是什麼程度；如果對方法不清楚或不會用方法，或者自己對於所用的方法沒有把握，可以問我。

註解

1 大慧宗杲（西元一〇八九—一一六三年）是公案禪最偉大的倡導者，經常與同時代提倡默照禪的大師宏智正覺相提並論。在大慧門下開悟的人比任何門下都多，並以在居士間傳揚禪法而著名。他的著作和開示錄已經以英文結集出版。

絕言絕慮

多言多慮，轉不相應。絕言絕慮，無處不通。

喜歡找人說話是因為覺得寂寞的緣故。多話的人往往頭腦簡單，個性不穩重，不但自己修行不力，也妨礙他人修行。禪七中是禁語的，還是有些人忍不住要偷偷講幾句，有些人雖不敢找人講話，但找自己講話，一分為二，自己說話自己答，整支香就坐在那兒自言自語，思考各式各樣的問題。

有一次一位作家來參加禪七，第一天開始坐在那裡就在想打完禪七要寫篇很精彩的小說，於是一邊打坐，一邊構思小說中的人物、情節。第二天小參時我問他：「你在做什麼？」他說：「我在計畫寫小說。」我告訴他說：「那你趕快回去寫小說，現在不寫的話，禪七結束時就會全忘了。」凡是嘴巴或腦袋裡多話的人，修行必然不得力。偶爾說一些，是妄想，這是難免的事。思想不能集中的人就容易自言自語，難以控制。

這四句詩有更深一層的涵義：不該用邏輯或理論來回答修行中的問題，比方說：「為什麼要打坐？打坐有什麼好處？打坐會開悟，開悟了又如何？為什麼要開悟？開什麼樣的悟？」如果一天到晚找理由自我辯解，則別想修行。

通常參加禪七的人都有此經驗：打了幾天坐之後，自己不會胡思亂想，但對師父說的話卻難以忘懷，總是縈繞不去。其實，我說的任何話都是為了指導你們修行，但實際修行時應該只是用方法，不可以把我的話放在腦子裡轉。因為，話愈多，念頭愈多，離佛道愈遠；話愈少，念頭愈少，離佛道愈近。

有次我對一位禪眾說：「你很愚癡，要好好用功哦！」於是打坐時他一直在想：「哼！師父說我愚癡，我會吃、會睡、會走，哪裡愚癡呢？」坐了兩支香之後，他終於忍不住了，前來問我：「師父，您說我愚癡，怎麼說我愚癡呢？不會吃飯、睡覺、走路的人才是愚癡，我樣樣都會，可見得並不是師父所說的愚癡！」我說：「狗、貓、魚、蟲都會吃、會睡，牠們就不愚癡了嗎？連愚癡的定義都不明瞭，你不愚癡，那誰愚癡？」他問：「要怎樣才能不愚癡呢？」我說：「好好用功念佛、打坐。」他回到蒲團上打坐，但心裡又想：「會念佛、會打坐就不愚癡，所有打坐的人都不愚癡，那我現在在這裡打坐也不愚癡，那什麼是愚癡呢？」過沒多久他又來問我：「師父，你說打坐不愚癡，那我也不愚癡了？」我說：「你要好好修行。」他又說：「師父，我坐在那裡很舒服，根本沒有煩惱，是你有煩惱。」我說：「我為什麼有煩惱？」他說：「師父，你要我們這樣，禁止我們那樣，當然有煩惱囉！」後來我說：「你這樣的人，實在不該來打禪七，只要好好拜佛就可以了。」這種人是不能修行的，滿腦袋的妄想，師父給他一句話，就引起他很多猜疑、妄想，而且不照著師父教導的方法去用功。

沒有話說、沒有念頭，也就是「絕言絕慮」，此時四處通達、圓滿實在的經驗才會顯現，無上的佛道才會現前。「無處不通」的意思是不需到任何地方，它本身就在四處。要萬緣放下，提起方法，唯有方法提起，才能真正把萬緣放下，到最後連方法也沒有了，一念不生，就是「絕言絕慮」的境界。

歸根得旨，隨照失宗。須臾返照，勝卻前空。

這幾句詩說的是：修行時若能回到根本，就得到了宗旨；但若隨著觀照的方法，則依然是在觀照的現象中，並沒有得到根本。只要一瞬間不「隨照」（隨著現象觀照），而「返照」（回照根本）、「返照自性」，就勝於前面所說的「勿住空忍」、「從空背空」的「空」，亦即「頑空」。

這裡的「歸根」指的是回到眾生的根本——佛性。但是如何回到佛性呢？前面所說的「無取無捨，絕言絕慮」就是「歸根」的方法，能「歸根」、回到佛性，也就達到目的了。剛開始修行時要用方法，但也不能捉住方法不放；在修行的過程中是有經驗的，但也不能捉住經驗不放。在進一步修行中要放下方法，放下經驗，而後就不需要方法，經驗也已成為過去，這時才歸根、返回自性，就是大自在、大智慧顯現，而不是「空」。

前空轉變，皆由妄見。

這兩句的意思是：從有到空的轉變，或者執著空而希望住於空，這都是虛妄之見。

從有到空是修行過程中可能發生的經驗，若自覺此經驗是解脫、得大自在，便是自害自誤。所以，執著空而欲住於空，那是妄見，不是真智慧。為什麼會執著呢？那是因為認為「空」是真的、是解脫，殊不知「認為是真的、是解脫的」

修行時不要企盼真心或佛性的顯現不要一直心想佛性自性離我有多遠
何時可見佛性打坐是為了成佛等等若做如是想則永遠見不著佛
性因為佛性是全體又如何能捕捉執取呢所以只要好好努力修行不要
心存企盼開悟是自然而然的事
聖嚴師父信心銘講錄 果正敬書
丙子蒲月寫此於清泉居
明窓允執曾中正

這種想法本身就是妄見，畢竟還有取捨、有執著。

一般人有了經驗便執著於經驗，如前一天坐得很好，第二天就希望繼續維持好境界，結果坐得一塌糊塗，這是因為貪取、追求的緣故。想用同樣的方法達到同樣的境界，即使偶爾成功也是瞎貓碰到死老鼠。因此，切莫因為有了些許經驗而執著於這種經驗。

不用求真，唯須息見。

修行時不要企盼真心或佛性的顯現，不要一直心想佛性、自性離我有多遠？何時可見佛性？打坐是為了成佛等等，若做如是想，則永遠見不著佛性，因為佛性是全體，又如何能捕捉執取呢？所以只要好好努力修行，不要心存企盼，開悟是自然而然的事。

二見不住

二見不住，慎勿追尋。纔有是非，紛然失心。

我們在禪七中講〈信心銘〉，是用它來對治每天發生的狀況，並教導各位如何用功。這是以方法做為用功的手段，並非只是談學問、知識，更何況在禪七裡學問、知識毫無用武之地，重點在於方法的運用。

「二見」指的是分別心，包括懷疑自己的方法是否正確，預測參加這次禪七是對是錯、有用無用。任何觀念或思想都會使你無法用功。若對自己缺乏信心，就會懷疑所用的方法；若對自己太有信心，就會對修行產生追求心、期盼心。這兩種都不是修行者應有的心態。

若只是來「看七」，或想試試禪七是否有功效，那表示對自己和修行都缺乏信心。只要遇到任何挫折，不管是環境的刺激或身體的病痛，都會使得自己無法用功，這是因為時時懷疑自己、處處否定自己的緣故。不但如此，也經常看不順眼這個、厭惡那個，如此用功又怎能使上力呢？打坐時因腿痛、不聽使喚而生氣，吃飯時因飯菜不合我意、難以下嚥而抱怨在心，不習慣於清晨起床以致情緒不穩，這樣鎮日裡都在煩惱堆中打滾，根本無法用功。

自信心特別強的人也很麻煩。以前我在大覺寺主持禪七，有一個人年紀很輕，在學校功課很優秀，做什麼事情都自信滿滿，他第一次來打禪七，心裡就想：「像我這樣的人不開悟，誰才能開悟？」結果第一天結束後覺得全身痠痛、疲憊不堪，因為他從來不打坐，卻只聽說打坐可以開悟，因此來打禪七就是為了開悟。晚上聽到師父說：「如果晚上能不睡覺，繼續用功，那是最好不過了。」他心想：「如果不睡覺就能開悟，那我決定不睡覺。」如此熬到第三天，再也撐不住了，就來對我說：「師父，您的禪七教人開悟，我現在知道了，叫人拚命不睡覺就是開悟。」我說：「用功就像烹飪，不能用猛功，如果一開始就用猛火燒飯，一下就燒焦了。你現在用功的方式就是如此，應該要輕輕鬆鬆用功。」「輕輕鬆鬆就能開悟嗎？」我說：「是，不過心裡不要老是想開悟，而是要用功。」下去之後，他換一個態度，整個人好像鬆懈了，在蒲團上猛打瞌睡，坐得很不理想，第四天之後他就離開了，還說：「師父叫我輕鬆地用功，我卻直想睡覺；叫我不睡覺拚命用功，我又不能開悟，修行這東西看來真不是人幹的。」其實，修行並不像他所想的那麼簡單。

打七要有正確的心態，你們不是來開悟的，而是來用功學習的，所以不要管自己這次用功得好還是不好，不要管自己能不能開悟，不要管自己是否具有修行的根基，只管拿著這個方法修行，不懷疑這個方法，也不懷疑禪七的形式，只要相信修行對自己有用，方法對自己有用就夠了。用這樣的一個信心，而不可以相信自己了不得、不得了，但是也不要否定自己，認為自己不是修行的材料。

有人第一次禪七打得很好，於是第二次又來參加，起初還不錯，漸漸覺得數息很無聊。她心想，一天到晚從一數到十有什麼用呢？如果把時間用來念佛菩薩名號，至少會累積功德，產生感應。想了一整天，到了晚上便來問我：「師父，我不打七了。一──二──三──四──五──六──七──八──九──十，連幼稚園的小孩都會，我在這裡數這些做什麼？」對方法動了懷疑之心就麻煩了，因為方法就是方法，沒有別的意義，是用來幫助我們鍊心、修行的，根本不該去想它有沒有功德。

譬如打坐、拜佛、早晚課誦等，都可以提出反對的理由，質疑為什麼修行要做這些事？也有人問：「禪宗是頓悟法門，為什麼要打坐修行？開悟也不是打坐修行就能得到的，為什麼要打禪七，又教人修行的方法？這算不算『禪』呢？」我反問：「你要不要學禪？」他說：「要。」我說：「來我這裡學禪的話，我的教導方式就是如此。」他說：「那你教的不是禪。」我說：「既然不是禪，那又有什麼辦法呢？只好請你自己去找了，你要到哪裡去找呢？」所以修行要依照自己相信的指導者所教的方法來如法修持，否則，只相信自己，而不相信任何人或任何方法，到頭來不是放棄修行，就是產生身心的障礙或著魔。

有人對我說：「我只相信古代禪，不相信現代禪。」我問：「什麼是古代禪？」他說：「古代禪不需修行，是頓悟的禪，現代禪教人數息、打坐、參公案……古代沒有這些名堂。我是依古代禪而開悟的，可惜至今找不到一位禪師為我印可，因此我想找師父來幫我印可。」這個人到處跑，總希望有人替他印可，而不是找指導修行的師父。他還說：「聽說師父的禪很不錯，所以來請師父印證我是不是開悟了。只要你證明一下，我就可以將古代禪弘傳於美國，現在因為沒人印可，所以不能傳法。只要給我印可了，以後便可以幫師父的忙。」我跟他談了幾句，發覺有問題，就對他說：「我沒有開悟，我也不知道你開悟了沒？很抱歉！不過，你大概不容易找到能印可的人。」他說：「奇怪了。你既然沒有開悟，又怎能教禪呢？」我說：「我可以教人開悟呀！就像心臟科醫師不一定有心臟病，但能為別人治心臟病。」他說：「嗯，這麼說也有道理，那我是不是也可以教別人禪修呢？」我回答說：「我不知道，我根本不知道你是怎麼回事，無法回答你的問題。」

打坐、修行是生活的一部分，如果以期待心來打坐、修行，一定坐不好。如果腿痛、背痛或身上任何地方不舒服，不要期望它不痛或想要克服它、突破它、趕走它，只要接受它、讓它去痛、不理它——它痛它的，我用我的功，如果方法用得上就用方法，不管腿痛，最後腿也會變得不痛。如果痛到無法忍受時，就暫時不用方法，而去注意痛點，讓它去痛，痛到最後就變成不痛了。其實，方法得力時，身上什麼地方都不痛。因此，不可期待要克服困難，趕快擺脫痛苦，更不可期待要開悟、當禪師。

對於生活的方式、修行的方法、周圍的環境……所有一切所接觸到的，都不要厭惡，要接納。如果修行時還存著離苦得樂之心，期盼能夠開悟，這都墜入了

「二見」。必須離開苦樂、愛瞋等二見，一心用功，否則一生起喜歡不喜歡、厭惡不厭惡、丟掉不丟掉的念頭時，就已經悖離修行的方法了。

你們應該了解禪中心這個修行環境不是很理想，前後左右都嘈雜，今天尤其像是在考驗我們，隔壁鐵鎚在敲牆，外面車聲呼嘯，頭頂又不時有飛機掠過，真可謂「萬里紅塵」。雖然是在「萬里紅塵」中，但我們還是有這麼一個小地方可以修行。外面儘管嘈雜混亂，這裡卻很安全，因此，不要讓外境來分我們的心，如果心為境轉，根本無法修行。

來參加禪七的人很多，因為人多，討厭的事情也就多，不像在家裡那麼方便、自在、習慣。另一方面，也因為大家一起修行，逼得自己非修行不可，至少也要坐在那裡裝模作樣。所以，要珍惜參加禪七的機會，無論修行是否得力，都要好好修行。

一心不生

二由一有，一亦莫守。一心不生，萬法無咎。

照基督教《聖經》上的說法，最開始是一，這個一就是上帝；上帝造了一個人，即亞當，後來覺得不夠，又造了一個人，即夏娃。於是一個變成兩個，兩個變成了三個。當一男一女結合，又成為另一個一，那就是「一」對夫妻、「一」個家庭。夫妻生兒育女，兒女長大之後，又另結夫妻、另組家庭，於是夫妻、家庭也由一而二，二而三地增加。當人老了，終是要死的，死後到哪裡去了呢？上帝造的亞當和夏娃，聽說又回到上帝那邊去了，做了上帝的隨從。那也就是說，從一變二，從二變三、變四……變過以後，就無法再還原為一了。所以，上帝造人，人又生人，人愈來愈多，死後到天國去的人也愈來愈多，還有那些犯罪的人，死後到地獄裡去，在地獄裡受罪的人也愈來愈多。於是人被分成三類，一在地上，一在天國，一在地獄，地上的人好多好多，天國的人好多好多，地獄裡的人也好多好多。但是修學佛法可不是這樣的，修學佛法，曉得一切是從一來的，要回到一去，而且不但回到一，連一連零這樣的東西也沒有啊！那才是最究竟。因此，西方哲學也好、宗教也好，終是無法完全統一，更無法超越。禪或是佛法的修行，不僅是要統一，而且對這個統一也不要執著，這才是真正修行成功。

昨天我提示諸位不能有「二見」，但要有方法，因為方法是達到統一心的手段。我們的心經常是在妄想中，必須以方法代替妄想，用方法使心集中，再進一步方法不見了，那時就達到了統一心。今天在小參時有位禪眾告訴我說：「我已經修行好些年了，可是把方法丟掉、連身體也丟掉的經驗至今還沒有得到。」我說：「你不要期望太多，要慢慢來。雖然我常說修行得力時會把方法丟掉，但那是自然而然丟掉，你不要刻意丟掉方法，而是方法自然丟掉，那才對。如果故意將方法丟掉，自認為我沒有方法了，我得到統一了，那就錯了。」所以，不見「二」指的是統一。是方法自然而然地丟掉了你，心也自然而然地統一了。今天所談，則更進一步連「一」也要丟掉。

經典上說：「無不從此法界流，無不還歸此法界。」這是一，指的是從一產生一切，而一切又歸於一。這也是東西方哲學都談到的觀念，但佛法認為這樣還不夠。因為執著於「一」在哲學上不是唯心，就是唯物，而在宗教上則為唯神論。這種唯神論，有時會像前面基督教所談上帝造人的說法，從一變多之後，就無法再回到「一」了。但是就修行佛法而言，統於「一」是必然的過程，到達「一」時才知「一」非真實究竟。因而進一步突破且超越「一」，否則還只算是世間法，而非佛法。

修行的過程，是先從散亂心變成集中意念，但集中意念並不是「一」，而是朝著「一」的方向努力前進，此時意識中尚有主觀與客觀、我與方法的分別。當心集中到最佳的狀況，就如方才所講的，方法丟掉了你，只有一個實在的「我」存在，此時才稱為「一」，但只是初步的「一」，而不是深入的「一」；這個「一」，也就是「定」。但「定」又有許多層次，初步的「一」只感覺到自己的存在，方法沒有了，念頭沒有了，清清楚楚。有些參禪的人到了這個程度就不再深入了。然而，下一步的努力卻是要把這個「一」融化掉。

今天有人告訴我，他常常感覺自己坐得很舒服。我告訴他：「不要貪著於這種愉快的感覺，其實這種從身體而來的感覺屬於欲樂的範圍。欲包括了食欲、觸

丙子長夏寫此

欲、性欲等。如果修行人捨不得離棄此種欲樂，根本無法得到一心，也進入不了定境。因此必須設法袪除，否則至少有三個念頭：我、舒服、身體在舒服。因為打坐有比食欲、觸欲、性欲更舒服的感覺，所以人們會繼續不斷打坐、修行，但也必須捨棄、超越這種經驗，才能更上一層。」

由集中意念而得到統一心時，謂之「一心」或「大我」，但這只是將「我」無限擴大，依然有個「我」存在。既然有「我」，就未得解脫。必須從「一心」或「大我」再超越，才得解脫。換言之，不能住於「定」或「完美」的境界中。有人說：「他是位完美大師。」這種說法是有問題的。從禪的立場而言，必須打破「大我」方能超越。「二」是由「一」而有，既然如此，必須連「一」都不接受、不執著，才能到達禪的境界。

因此，「一亦莫守」有兩層意思：第一是不守於「一心」的狀態，第二是不守於「大我」的境界。「一心」和「大我」是世間法修行的最高境界，但就禪法而言，此兩者皆未出離生死，未得解脫。所以三祖接著說：「一心不生，萬法無咎。」也就是說，達到一心境界的人，依然在問題中；反之，若能「一心不生」，任何一法生起時都不會造成問題，即使是問題也能迎刃而解。

這裡要說明的是，我們的心之所以發生問題、製造煩惱，是在有「二」、有「三」的情況下；心處於「一」的狀態下則煩惱不起。但是「一」只能維持一段時間，不可能維持永遠，因為有「一」必定會變成「二」；若沒有「二」與之對立，「一」又如何存在呢？如果是真正、完整、絕對的「一」，則不能稱為「一」，因為它是無在無不在的，也是無以名之的。有「一」必然有「二」，只是自己不知道。因此，當心處於「一」的境界時，沒有煩惱也沒有問題，可是隱藏在「一」底下的問題遲早會顯現。換言之，在「一心」的狀態時，不受萬法中的任何一法所誘惑、刺激、影響，可是這並不是永久的，它總有受誘惑、刺激、影響的時候，以致問題、煩惱紛至沓來。所以，不可將「一心」誤認為最高的境界。

無咎無法，不生不心。

「一心」粉碎後便進入「無心」，也就是禪的悟境。此時不但毫無起伏的念頭、生滅的念頭，連「不動的心」也沒有。既然任何一法都不存在，當然沒有事物來煩擾你。

我們的身心都需要食物，否則營養不繼，難以生存。身體除了需要段食（日常的飲食）之外，還需要觸食（如接觸其他人的感覺、淋浴更衣後的舒適感），而我們的心更需要識食。若能斷除前兩種食物，就可出離欲界；若能斷除第三種食物，則可出離三界。因此，二心或三心在欲界中是有對象的，而「一心」尚有「識」的念頭，也就是依然存有一己的感受。以上三種食物只要有一種不能捨離，就難以出生死。

無論一心、二心、三心、雜亂心都不是好心，而是妄想心。但是，我們修行時還是得從集中心開始，要集中得先將身外事全部放下，放下禪堂外的事，放下打七前後的事，放下過去事、未來事，分分秒秒把心集中在方法上。也就是把心從很大的範圍、很久遠的時間（過去與未來）收攝到方法上，經由集中心、統一心，終抵於無心。

捨棄幻覺

能隨境滅，境逐能沉。境由能境，能由境能。

「能」是主觀，「境」是客觀，就佛學名詞而言是指「能（因）」、「所（緣）」。類似的說法就是「心不自生，因境而生」，指的是心不會自己動，一定是因境界而動，換言之，心法不能孤起，必因色法而生起。禪宗說「隻手鼓掌」，表示是不可能的事，意思是說，若不從色法、環境去找心，是不可能的。

南泉禪師欲往某田莊，尚未到達，莊主竟準備好了接待的事宜。禪師很訝異，便問莊主如何知道他要來？莊主說：「前晚土地公已經來告示了。」禪師說：「老僧修行不得力，心被土地公看到了，實在慚愧。」這個公案表示，禪師心動，想到要去那個田莊時，那個田莊的方向、景象就在禪師心中出現，以至被土地公瞧見。

有位禪師在河邊的茅棚打坐，一晚聽到二鬼交談。一鬼高興地說：「明天我就能離開這裡了。」另一鬼問：「為什麼？」他回答：「明天有個戴鐵帽子的人會來做我的替身。」禪師心想這兩隻鬼在講什麼鬼話。第二天下大雨，河水暴漲，禪師遠遠看到一個人頭上反頂了一口鍋擋雨，往河邊走來，眼見就要過河。禪師就警告他：「今天下大雨，河深水急，太危險了，最好不要過河。」那人還在猶豫，禪師便又說：「最好聽我的話，否則性命難保。」那人心想：「老和尚這麼說，一定有道理。」於是就回去了。那天晚上禪師打坐時，又聽到那兩鬼說話。第一個鬼抱怨說：「我困在這兒這麼多年了，好不容易才有個人來當替身，偏偏那個老和尚多管閒事，把事情搞砸了。我要找老和尚算帳。」話說完，他就在河堤上鑿了一個洞，想引水淹茅棚。禪師知道鬼要淹死他，突然就隱身不見了。那鬼四目張望，茅棚竟是空的。其實禪師還是在那裡，鬼說的話也聽得清清楚楚。他之所以讓鬼看不到他，是因為心不動。換言之，心不隨境動時，任何人也找不到你；如果死神或閻王要來捉你，你心不動的話，他捉不到你；一般人之所以會被捉，是因為心裡有境，而被境所遷，鬼神可以循線捉到他們。

我們打坐用功時，心裡想任何東西，境界就會出現。如果沒有境界做為符號，妄念也就不可能產生。其實，數息本身就是妄念，但是如果綿綿不斷守住它，就成了正念，成了修行的方法。如果念頭老是在變化而無法控制，那就是妄念。這兩種都是心中有境界，都不是清淨心或無心，甚至稱不上是一心。如果此時死去，想要自己有把握怎麼樣，大概很不容易，會隨著業力的牽引往自己最執著的環境中去投生，這也是心隨境轉。所以修行主要是鍛鍊心能自我控制，不隨境轉，能自主往生，而非隨業力流轉於生死間，能於生死中得自在、得解脫。

心中存有任何念頭，都會有境界與之相應。如果我們心中的念頭和貪、瞋、癡相應，就陷於煩惱、痛苦中。修行時只要帶有些微貪、瞋、癡的成分就是不清淨，連天界、天國都生不了，更別提解脫自在了，因為生天的條件是布施、持戒。如果有個對象讓你放不下愛、放不下瞋，就不可能成為統一心；而一定是亂心、散心，連定境都達不到，還談什麼解脫。

因此，修行時心中任何念頭都要視為魔境來處理。有人數息進入狀況後，覺得非常舒適自在，彷彿身在天堂。有人面壁用功，看到牆壁裂開一個洞，自己鑽進去，覺得身處他方世界，過了數支香，引磬聲使他醒轉過來，下次打坐時就想再進入這種美妙境界。這是屬於令人喜歡的境界。當然也有可怕的境界，例如在境中遇見老虎、獅子、三頭六臂……。

有位禪眾參加禪七後會講梵文、藏文、土耳其話，乃至天國的語言，有人錄下音來放給我聽：「師父，他到底在講什麼語文？」我說：「丟到垃圾桶去！這是胡說八道。」昨天我問那個人：「你現在還想不想說？」他說：「不想說了。」這些都是心中有物，心裡想要獲得什麼，才會反應出某種情況。因此，只要心中有物，而且此物又不是方法時，全都是魔境。

首先我們得了解這一點，才能繼續往下。無論是數息、念佛、持咒等方法都不如參話頭或公案。為什麼？數息要注意自己的呼吸，念佛要注意佛號，持咒要注意咒語，這些都有對象存在。參話頭或公案就不一樣了，因為它本身只有方法而沒有對象。因此，剛開始修行用方法時必須有對象，沒有對象就使不上力，但是方法用到某個階段就進入了沒有對象的層次。這也就是禪為什麼要用公案和話頭的原因。比方說「無」，趙州說：「狗子無佛性。」為什麼？沒有答案。這是為什麼？沒有人會告訴你是為什麼，因為這後面根本沒有答案。你只需要用「什麼是無？為什麼是無？」的方法反覆不斷問自己就可以了。因為「無」沒有對象，再加上自己非常努力用功，到最後連「自己」這個念頭都沒有了！如此不斷專精用功，便起疑情，處於大疑團中，此時連上帝、鬼神都找不到你，因為自己已經不存在了。

如果用正確的方法禪修，雖然未開悟，也是很好。以上所講的四句詩能產生類似參公案、參話頭的效果，或者說已經開悟的人就如詩中所敘，既沒有對象，更沒有自己。

覺知煩惱

欲知兩段，元是一空。一空同兩，齊含萬像。

這四句是在講沒有分別，但在沒有分別之中卻又清清楚楚有所分別。在修行的過程中發現自己愈髒、愈壞、愈可憐、愈可恨、愈可怕愈好。為什麼？因為修行就是檢查自己，愈明瞭自己愈知道如何往前走。

我隨著國民政府的軍隊離開中國大陸，來到臺灣。當時局勢一片混亂，我們的部隊就擠在一棟楠木倉庫裡，吃、喝、拉、撒、睡都在裡面。倉庫裡沒有窗戶，也沒有電燈，晚上看不見上廁所的路，許多人乾脆就地拉撒。那些夜間到外面上廁所的人，在摸索往返的途中踩在糞堆上，自己根本不知道。要到天亮時才看清楚到處是穢物。當看到穢物的那一刻雖然覺得骯髒、噁心，但總比在黑夜中完全看不見的情形好得太多了。

從未修行的人就像在那間黑屋子裡一樣，不管走到哪裡都會踩到穢物。來打禪七就像心裡的明燈慢慢亮起來，也許只照了一下，但知道哪裡有穢物，踩到的機會就相對地減少。因此，發現自己問題之所在是好現象；但若發現問題就嫌惡自己，不懂方法亂整一通，只是為自己製造更多的問題。

修行就像修路，工人把路面挖開是為了修理埋藏在裡面有問題的電纜、瓦斯管或水管，修完之後再鋪回去。所以修理時將路面破壞，好像比原來更髒亂，修理完了鋪回去之後，表面上看起來跟以前完全一樣，其實已大不相同了。同樣地，在修行的過程中能挖掘出自己的缺點、問題，而這些缺點、問題又確確實實存在，對自己是非常有用的。所以要從「有」處來看「沒有」。

當發現自己障礙很多時，如打坐用方法時心不容易集中、腿痛得要命、睡眠不足……這些全是問題。但是，我們也得知道，原先腿並不痛，只是在打坐後才痛，伸伸腿就又不痛了。因此，當腿痛時，要觀腿本來是不痛的，所以根本沒有痛這回事——若這個痛是真有的話，不打坐也會痛，或者打完坐以後還會繼續痛下去。

另一個問題就是：用方法而心不能集中時，便覺得自己的心為什麼老是不能集中。雖然如此，我仍不相信在這幾天的修行、打坐中，你們的心完全不能集中而全在打妄想。你們的心至少有一點時間是在方法上，否則早就打道回府了，不是嗎？所以，只要能用上方法就表示心散亂的現象其實不是真的。因此，心散亂時不須害怕恐懼，因為那是假的，不是真的。

從散亂變成集中時，集中心就是真心嗎？當然不是。如果心真能集中就不會散亂了，可見散亂心和集中心都是不真實的，既然這些心都不真，那就表示「無心」了。既然本來就「無心」，那我們修行很容易成功呀！雖然我們現在還沒到達「無心」的階段，但知道沒有「心」這回事，我們的信心也就建立起來了。目前我們只要有信心就好，是不是達到了「一心」或「無心」都沒關係，只要相信「散亂心」、「集中心」、「一心」都是假的，自然會精進用功而又不急躁、不失望。

我見過一些人在打了一次禪七之後就說：「我的心這麼亂，再怎麼用功也沒用，算了，不修行了。」這種人是不相信或沒有體驗到：不成功並不是該令人失望的事，修行不得力並非就是失敗，而只是時間未到。就像爬山爬到一半沒繼續往上爬並不能說就是失敗，只要繼續爬到山頂就成了。有一次我乘車上一處高原，一路開了幾個小時，已經離開地面兩千呎了，但我覺得好像還在平地上，就問司機：「我們還在平地上嗎？為什麼沒看見山呢？」司機說：「我們已經到山頂了。」我說：「可是我沒有看到山啊。」他說：「是啊，我們是緩緩地一路爬升，所以感覺不出來。」從「有」看「空」是從修行的立場來看，所以應該具備信心，日久功深，一定有成。

現在我們再從「空」看「有」，前天我們這地方下了雪，現在雪沒有了。現在沒有雪，是不是就是沒有雪呢？雪是從天上下的，你現在上天去也找不到雪，但不能因此說天上沒有雪，因為雪就是從天上下來的啊！你說現在沒有雪，對，沒有錯。但是也許過幾天下雪了。過去天上下雪，將來天上還會下雪，只是天上現在沒有雪，不能說現在看不到就沒有。不能執著這樣的空。禪宗有則公案：有位老婆婆長期供養一位禪師，有一天老婆婆決定試試他的道行，看他是不是開悟了，就交代年輕漂亮的女兒送飯時趁機抱一下和尚。女兒照母親吩咐的做了，禪師沒有任何反應。第二天，老婆婆親自去問禪師：「你覺得我女兒如何？」他回答說：「枯木依寒崖。」老婆婆一聽，馬上用掃帚把他轟走，並說：「我二十年只供養個俗漢！」同時一把火燒了和尚住的草庵。雖然這個和尚道行高深，但還未體悟到禪，因為他執著於空，而否定了有。

在禪七中，當你的心依然散亂時，我要你集中心力於正在做的任何事，自己的每個動作都要清清楚楚、明明白白。當你到達集中心時，就可能不知不覺進入下一個階段：吃飯的時候，不知道在吃什麼；走路的時候，不知道在哪裡走；看到人的時候，不知道看到的人是誰。不過你依然是跟大眾一起作息，只是順著生理和周遭的自然環境去動作，而不知道自己在做什麼，完全是心無二用，專心在方法上，而進入了大疑團。這時用功的情形就成為自然的修行，就像皮球從非常平滑的山上往下滾，一路到底。到了這種程度，自己不需要修行，而實質上已覺得很好了。這是修行過程中從「空」到「有」的情形：感覺上是「空」，其實是「有」，因為它在感覺、思想上是沒有的，然而它的心是有的。

第三個層次就是回到完整的知覺。這時和第一個層次不同的是：不再有任何散亂的念頭，吃飯時就是吃飯，睡覺時就是睡覺，不多不少。

如果修行時遇到方法不見了，覺得自己無事可做、身體好像也沒有了，這時可能有兩種情況：一種是負面的，就是懶散，什麼事也不想做；另一種是正面的，表示正在用功修行，方法用得很好，就像本領高超的騎士騎上快馬時，人已與馬合而為一，而忘掉了馬的存在。

再一種就是悟後從「空」看「有」。有位徒弟問禪師：「師父，假如許多情況同時出現在面前，這時您怎麼辦呢？」意思是說：「這個地方失火、那個地方跳舞、那個地方殺人、那個地方老虎來了，處身如此複雜多變的環境中，一時之間你如何應對？」——當然，這是我的解釋。那位禪師只回答：「紅的不是白的，青的不是黃的。」是什麼就是什麼。但如果他看到什麼就是什麼，那不就和普通人一樣了嗎？與普通人不同處是他不會慌張。

宋末有位無學祖元禪師，元軍來時所有人都逃走了，只有他沒逃。元將看到廟裡面只有他一個人，就把他捉去問話：「所有人都逃跑了，你為什麼沒逃？一定是想做對元軍不利的事！」禪師回答：「我不需要跑，如果我應該死，到任何地方都會死；如果我不該死，就算你們來了我也不會死。」將軍接著問：「難道你不怕死嗎？」禪師說：「我當然不想死，但如果一定要我死，那也就認了。」將軍說：「好！現在我就殺了你！」禪師就說了兩句話：「珍重大元三尺劍，電光影裡斬春風。」元將終於警悟，沒有殺他。

開悟以後的「有」不是自己有，而是：一切都有，只是自己沒有。既然沒

丙子仲夏雨過晚涼寫此曾光款

有了自己，當然連頭、身體也都沒有了。所以，殺是將軍的事，不是禪師的事；禪師的頭就算被砍了，卻與禪師一點關係也沒有。或許你們認為這位禪師大概是想自殺，我認為他並不想自殺，因為如果他想自殺的話，那表示他自認有個身體存在。因此，不管「空」或「有」，從「空」可以看「有」，從「有」可以看「空」，「空」與「有」之中兩邊都有，兩邊也都沒有，亦即兩邊都是「有」，也兩邊都是「空」。懂嗎？如果不懂，只要相信就好；如果真的已懂，就已經開悟了。

無分無別

不見精粗，寧有偏黨。

談到分別心，在禪七當中，分別心最重的應該是師父了。從起七開始，就要你們守規矩，用方法，要求那樣，要求這樣，不准那樣，不准這樣，提醒這個，告誡那個，你們看師父的分別心重不重啊！

從禪七的第一天開始，我就教你們從有分別到無分別，從分別心到無分別心，那便是從散心到集中心，再到統一心，最後到無心。禪眾的心裡經常有兩種不同態度：一種是希望師父要求愈高、愈嚴格愈好，認為那樣能早日成佛；一種是在報名時，當我告訴他們禪七很嚴格、很辛苦，他們表示沒問題，心中早有準備，一定要嚴格才好，但來了之後卻希望師父最好不要看到我，我打瞌睡、說話、晚起，這些通通不要被看到才好。這就是惰性，人人都有。如果師父不勤加要求，你們也就不用來打禪七了。

「精粗」指的是修行的好壞、程度的高低深淺之別。修行人不可以比較，不可拿自己和別人比較，也不可和自己比較。今天有人在禪堂裡哭。你們也許心想：「為什麼他在哭呢？恐怕快要開悟了吧？要不就是精神病發了？」看到別人哭，會引發你們各種不同的想法。其實，好不好是別人的事，干你何事？開悟不開悟、精神病發不發是他的事，與你何干？

拿自己與他人比較、計較的情形也不少。譬如平常一個人在家裡習慣了，現在一下子和這麼多人一起打坐，看這個不順眼，看那個不順眼。也有人看到別人連坐三支香不動，心裡便嘀咕：「奇怪，難道他的腿不痛嗎？為什麼我的腿老是在痛？」於是就盯著那個人看，一直看到他終於動了，心中便起了一念：「啊！他的腿終究還是痛了。」

自己和自己比較的情形也很多。有的人幾天下來天天都有問題，不舒服、沒精神，今天卻什麼問題都沒有，腿不痛了，身體也好起來了，坐在那裡高興得不得了，整個人精神亢奮，結果打坐反而坐不好。有的人幾天都坐得不好，只坐了一支好香，於是老惦記著那一支香自己是怎麼坐好的，想盡辦法要求自己再來一次，心中全是「為什麼那次可以坐得那麼好？現在為什麼達不到？」的念頭。

這些都是比較心，有比較就是打妄想，身處妄念之中便不得進入良好的修行情況。在用功的時候，不要理會自己以外的事，也不要理會自己以前或以後的事，全心集中於現在的方法上。做得到這一點，修行就會得力。

在第一天晚上，我告訴你們必須從逐漸孤立自己開始。此過程有四個階段：1. 把自己從禪七以外的環境孤立出來；2. 不理會禪七本身的環境，認定自己是這裡唯一的人；3. 放下所有過去與未來的念頭；4. 把自己限定於當下一念，也就是集中在方法上。即使如此，魔鬼還可能對你干擾，因為你還有那麼一小點「我」的存在。但如果能繼續一念專注於方法上，就有可能離開一念而達於無心。

不管環境或內心多麼平和或紛擾，都應該清清楚楚、明明白白，不要生起任何好惡心。對於環境或自己的好壞之感，其實都是內心執著的投射，事事物物本身並無好壞。比方說，香板只是一塊木板，本身並無好壞可言。沒有經驗的監香如果把香板打錯了地方，如脖子或肩胛骨上，被打的人可能心生厭惡，監香可能怪罪香板不好使力；有經驗的監香打起香板來，被打的人覺得幫助很大，監香也會認為這支香板好，打起來順手。同一個板，有人覺得它好，有人覺得它不好。

今天我要打開卡住的窗子，結果傷了手指。我也許會認為窗子有問題，但窗子本身有什麼好壞？是我的手不好所以被夾了，我的手也沒有什麼好不好，只是一塊肉被夾掉而已，總之就是發生了這樣一樁事，沒有什麼好壞可言。

開悟的人看事情時，心裡不存有好、壞、精、麤之想。有人也許心想：「如果好壞不分，不是天下大亂了嗎？」開悟的人是沒有這個問題的。你們看古代禪宗的祖師開了大悟之後都充滿了慈悲心，一生一世濟度眾生。釋迦牟尼開悟以後，弘法利生四十餘載，如果沒有好壞之分，他度什麼眾生呢？這並不是佛要救度眾生，而是眾生需要佛的救度。佛是否救度某人，問題並不在於佛，而在於眾生自己：如果能被救度，那麼佛就救度；眾生需要他救度的時候，他就救度，如果眾生不要他救度的話，他也救度不到。因此，他救度了眾生，也不以為眾生是他救度的；眾生不讓他救度，他也不會失望、怪罪，或詛咒他們下地獄。這就是佛陀或祖師的態度。

佛心就像一面鏡子，它沒有自己的影像，它完全如實無礙地映現眾生的影像，應眾生的需要施予佛法，讓各種不同的眾生，得到不同佛法的利益。一個正在修行尚未開悟的人，還在用著方法，還有分別心，必須繼續努力，直到方法沒有了，連「我也要修行」的念頭也沒有了的時候，心就會像一面鏡子——內無一物，映照無礙。

大道體寬，無易無難。

心念專注於方法時，當下尚有方法和自己。自己為什麼要修行這個方法？修行這個方法希望得到什麼結果？是希望開悟或是希望得定？因此，在修行過程中方法當然要用，方法修得愈穩定愈好。若能經常達到要到一念就一念、要無妄想就無妄想的程度時，禪師就要開始破除修行者最後的執著心，也就是執著修行的心。

禪師用禪法破除修行者心中的一切念頭、執著，好壞均須盡除，所以成佛，卻也無佛可成。有人想成佛，但恐怕著魔。哪裡有魔？其實無佛也無魔。有弟子修行希望成道，師父就告訴他：「道不是修成的；道本來就在那裡，何必修？」有弟子問師父：「如何解脫？」師父答：「誰綁住你了？」這些都告訴我們沒有修行這回事，也沒有解脫這回事。

有位弟子告訴禪師說：「我聽說釋迦牟尼佛在印度出生，修行多年才成佛道。」祖師便回答：「唉！可惜當時我不在場，否則一棒打死他餵狗吃。」你不能說這些人是在破壞佛法。絕對不是！這些祖師是為了破除弟子最後一點點的分別心，才用這種激烈的方法。

修行佛法若能達到無分別心的程度，或明瞭無分別心，那麼雖然不一定開悟，但已經是會修行的人了。你們要有這種信心。否則，師父在這裡講了幾天，你們依然懷疑，師父就白費唇舌了。要相信師父的話，現在開始試著用這種態度去修行。

有人聽說釋迦牟尼佛修行很多年，過去禪宗的祖師也都修行很多年，而自己既沒有出家又不準備出家，修行可能難以成功，便因此打退堂鼓。修行這件事，說容易，非常容易；說困難，非常困難。其實，修行本身只是一件事情，正如前面所講的，本無所謂難易好壞，難易好壞是你自己的執著。

前面我們曾談過真與假的問題。打坐時腿痛是真的在痛，但鬆腿一會兒就不痛了，過一會兒盤起腿來又痛。如果有時會痛，有時不痛，這種痛一定是假的。如果是真的，它應該在那裡痛個不停才是。因此，痛時雖然感受得到，但只要曉得它不是真的，會隨著心情、看法、時間而轉變，也就對了。所以，修行時首先要從理論上認識苦不是真的，這樣苦的感受會減輕很多。否則若認為這是真苦，那絕對是苦不堪言。

「修行無難易」這句話的意思是說：從修行很好的人的角度來看，既然沒有什麼痛苦，何必在意難易呢？這種人親身體驗這種說法，他們的信心是真的。若是剛開始的人也有如此的信心，就可以上道了。在實際的修行過程中，困難是因人、因時、因地而異的，但修行的方法本身則無難易可言。

有人因為遇到很大的痛苦、困難，而不抱任何希望，甚至以絕望之心來修行，反而一修就成功。原因無他，因為此人什麼都不要了！這種情形雖有，卻不是每個人都可以如此。有人遇到很多痛苦、困難之後，反而不能修行，因為他在修行時心中老是在後悔、痛苦、自嘆自憐。

你們要相信在這裡所講的每個修行方法都是好方法，你們每個人都是好的修行人。如果不是好方法，為什麼用了五天還在用？如果不是好修行人，為什麼整坐了五天還在這裡？因此，剩下的兩天時間，你們要相信自己用的是好方法、自己是能修行的人，好好把握這個難得的機會修行。禪七結束後，結婚也好、考試也好、砍頭也好，到時再講。現在無事！

無疑無慮

小見狐疑，轉急轉遲。

「小見」就是指看得不大、不多、不高、不遠，這種人由於見小識淺，所以疑問很多，對自己、對方法、對目標沒有信心。這是修行時常見的現象。其實，每個人都要有這樣的信心：現在不能開悟，將來必能開悟；此生不能開悟，來生必能開悟。

這些年來我見過很多人因為信心不夠，所以到了一定程度之後就無法進步。原因可能在於：他們對自己沒信心；或者對自己有信心，卻對方法不完全相信；或者對方法相信，卻對指導禪修者不一定相信；對指導禪修者相信，卻對禪究竟能達到何種程度不敢相信。這些人擺盪在信心與懷疑之間，始終無法得到深刻的經驗。

當然，開始修行時是會有疑問的，沒有疑問就不會來學習。經過努力修行後，疑問會一點點解決，當然這與個人的根器有關。善根深厚的人接觸到禪師、方法或理論後，很快就能相信、接受。反之，善根淺薄的人障礙多，不容易相信自己、相信別人、相信方法。因此，禪修的首要要求就是信心，三祖這首詩叫〈信心銘〉是有深意的。如果連基本的信心都沒有，那還修行什麼？所以來參加禪七的人應該相信自己是有善根的人，如果沒有善根，怎麼會來參加禪七呢？世上這麼多人，願意接受禪修的人少之又少，願意接受禪修而現在又有機會參加禪七的人更是少之又少。所以你們當然就是善根深厚的一群人，應該要相信自己是能修行的人。或許到目前為止你尚未相信自己、尚未相信我這個老師，也尚未相信我所講的禪的方法與禪的態度，可是從現在開始，我希望你們能相信。

雖然你們現在尚未開悟，但就像重聽的人可以藉助聽器改善聽力，視力不好的人可以藉眼鏡改善視力一般，自己沒有這個能力，也就是尚未開悟，沒關係，要相信已開悟者的經驗，並照著他的指導去做，縱使開始修行時有「小見」也無妨，只要不疑惑就可以從「小見」中解脫出來。

「小見」的另一涵義就是以一己的經驗去判斷或認識過去從未接觸過的更大

範圍的事物，這當然是會有問題的。其實，第一次接觸從未聽過、見過的事情難免會懷疑，但只要有信心便得以彌補。所以在禪七的第一天便要對自己有信心，才能遵循師父指導修行的觀念和方法切實履踐，也不要去懷疑我們修行的環境好還是不好。

「轉急轉遲」的意思是說：愈是急著要有結果，成就也就愈遲。有一次某人開車送我，為了讓我早一點到達目的地，便想盡辦法走捷徑，結果路雖然很近但車卻很多，時間反而慢了。也有人參加托福考試，他想先挑會的問題回答，不會的問題就略過，所以就先將考題從頭到尾看了一遍，等他看完開始作答時，時間卻不夠了。

修行也是如此，如果成天急著要開悟，心裡老是想：「為什麼還不開悟？」「怎麼總臨不到我開悟？」那永遠也開不了悟，反而煩惱愈來愈多。其中的道理很簡單，就好比失眠的經驗一樣，大夥兒在一個房間裡熟睡，你卻失眠了，心裡便想：「他們都睡著了，我卻怎麼也睡不著，趕快睡！趕快睡！」結果愈想睡著，卻愈睡不著。

所以禪修者若愈是希望得到利益，愈是得不到，反而徒增麻煩。

希望諸位開始時不要急著想吃果子而要
耐心澆水不斷努力不要揠苗助長俗話說
一鍬不了一口井一口吃不了一張餅條行也是如此
要有耐心修行又像吃滷蛋一樣如果急著要一口吃下
不但辦不到而且有危險一定要細心小心和耐心
聖嚴師父信心銘講錄
果正沐手敬書於清泉居
丙子桐月廿九日午后雷雨交加徂晚始霽
山齋習坐夜涼寫此久熱曾中正

所以我希望諸位開始時不要急著想吃果子，而要耐心澆水，不斷努力，不要揠苗助長。俗話說：「一鍬挖不了一口井，一口吃不了一張餅。」修行也是如此，要有耐心。修行又像吃滷蛋一樣，如果急著要一口吃下，不但辦不到，而且有危險，一定要細心、小心、耐心。

執之失度，心入邪路。

「執」是抓的意思，抓要抓得恰到好處，不能太緊，也不能太鬆。以拿香板為例，有人不會打香板，把香板抓得緊緊的，不但把人打得很痛，還差點把香板打斷；但若香板拿得太鬆，則又無法打了。所以做任何事都要恰到好處。不過這並不容易，需要不斷練習，否則不可能恰到好處。

禪七時我們教人把身體放鬆、心情放鬆，但是有人不知道應該如何放鬆，有人卻太放鬆，一打坐就歪歪倒倒，根本無法用功。所謂「修行用方法」，指的是修行時要牢牢黏在方法上，可是有人聽到這樣提醒卻又變得緊張。有人聽我教數息法，就拚命抓住這個方法，想如此一來心便不亂、不打妄想，結果為了抓住數息法就抓到呼吸上去了，變得用力去數，表情緊張，愈數愈快，身體也愈數愈緊張。

我們經常講不要離開自己使用的方法，可是卻不能緊張，緊張的結果，容易走錯路子。有一次禪七，我要一位禪眾參話頭，並要他看著現在這個話頭不要離開。我給他的話頭是：「什麼是無？」結果因為緊張，原來的話頭跳脫了，竟變成了「我就是無」。他想起師父說不要離開這個念頭，就不停地念「我就是無」。原本要他參話頭，參到最後他想：「我就是無，這還有什麼好參的！」這就是走錯了路。

我們所說的「抓著」，並不是一直抓著不變，有時是需要調整的。參加禪七的人數很多，每個人的年齡、經驗、環境、身體狀況、心理態度都不同，但教的是同一個方法，所以在用方法時如果自己沒有體會反省「我用這種方法是否正確？」而一古腦兒照著師父講的方法去做，有可能因為自己聽錯、誤解、做錯而出狀況。例如打坐時呼吸不順，大概是你的方法不對，能自己調整最好，否則就得求教於師父。常常有人打坐時尾椎骨疼痛，此時只要身體稍往前傾，挺腰，尾椎骨不被壓迫，自然就不會疼痛。所以方法雖同，但各人領悟、實踐有異。「執之失度」的意思就是說，沒有恰到好處，而執著於它、執著於「師父如是教我」。

任性合道

放之自然，體無去住。任性合道，逍遙絕惱。

用功時最要緊的是要自然。所謂「自然」不是不去管它，而是順乎自然——既要管它，還要讓它自然。坐姿要自然，用心也要自然。所謂自然就是恰到好處，如打坐時身體要坐直、不彎腰駝背，而不是說腿痛就是不自然。就生理上而言，姿勢正確就是自然，姿勢不正確會產生不良結果，甚至導致疾病，如小腹縮緊不是自然，胸部挺得很高也不是自然，但禪坐過程中的腿痛、不舒服，這不算不自然。

就心理上而言，我們一般對待心有兩種方式：一種是控制，一種是放任。有些人的心愈控制反而愈煩躁，愈希望雜念少，雜念反而愈多。這種情形於修行後比較容易察覺。因此，若雜念很多，是自然的現象，不要討厭它，但也不能放縱它去打妄想。最好的態度是一面用方法，一面把注意力集中在方法上，不要有其他念頭。注意方法時若雜念產生，一定察覺得到，一察覺到雜念就讓它去，不要害怕現在有雜念出現，待會又會有雜念出現，如此一想則又多了一個雜念。雜念生起時不用理它，發生的事就讓它過去，還沒發生的事不用去擔心，這就是最好的方法。所以用功時最重要的是不怕失敗，已經失敗了就不後悔，尚未失敗的不要去擔心，縱然將來可能會失敗也是很自然的事，把握現在好好修行才是上策。

沒有成功之前當然都失敗。有人問我成功了沒？我都說我從來沒有成功過，做什麼事都是失敗，但每次失敗的過程都是應該的，就像小孩子生下來不會走路，慢慢經過一次次的跌倒直到學會走路，這跌倒是成功還是失敗？人從生到死，走路如此，做學問如此，修行更是如此。當我寫完博士論文時，有人說我成功了，我說這本書寫失敗了，因為如果再寫的話一定比現在寫得好。修行也是這樣，每次修行時人家說你成功了，你回答自己並沒有成功，而是失敗。承認自己失敗，相信自己做的都是失敗的事，這是很自然的。因為不做不知道失敗，而失敗了也就表示有在進行，從未失敗則表示根本沒有做任何事。修行一事也是如此，失敗是再自然不過的事。

放之自然體無去住任性合道逍遙絕惱節錄三祖僧璨信心銘句
於清泉居時在丙子蒲月望日習坐齋中月色入戶

雖然失敗是自然的事，但心裡不要希望失敗，千萬不要心存「反正會失敗，乾脆別做了」，還是要依照自己的能力一次次去實踐。每一次失敗了沒有關係，從跌倒的地方站起來就是了。佛法說「有為法」沒有一樣是真正能夠成功的，這是從不能成功的方面去談，只要繼續不斷地努力，到達不需努力時便是成功，所謂不需要努力時，即已擺脫煩惱而得解脫，這就是「自然」。「體無去住」是說自然的體，沒說要留下它，也沒說要丟掉它。當我們沒有煩惱或得到解脫時，叫作自然，既言自然，就沒有要丟掉什麼，也沒有要抓住什麼。反之，如果說要袪除煩惱、抓住菩提的人，表示他尚未開悟。

「任性合道，逍遙絕惱」，前句是說一切任其自然之性才能合乎究竟的道，也就是佛道。一般人說的任性是指順著自己的個性，而此處的「任性」指的是任自性、任佛性，亦即盡量順著自性、佛性，讓自性、佛性顯現出來。很多人以為「打坐可以開悟，修行可以成佛」，修行一輩子，成天就想開悟成道，這種人若真的開悟成道，一定是入了邪道，而不是真正的佛道。

同樣地，只有逍遙才沒有煩惱。「逍遙」就是只管照著佛法指導的方法去修行，不為求成功，亦不怕失敗。一想到成功，其實已失敗了，因為修行人最後要像《心經》所說的：「無智亦無得。」若沒有得到菩提涅槃，就沒有什麼好得的，這才是真正的成功。

修行過程中雖然很辛苦，有人腿痛、背痛、頭痛，各種各樣的痛苦都有，但心中若想「這是很自然的事」，就自然不苦。如果把「逍遙」解釋為不需要修行，那就錯了。修行過程中發生任何事都是自然的，能抱持這種心態的話就是逍遙。修行時有人打你，會不會感覺痛？當然會！問題是你苦不苦？人家批評你、冤枉你、誹謗你，你聽了如何？大修行人被打也沒有關係，因為在他而言，被打的是四大，又不是我，挨罵的是五蘊，也不是我，既然根本沒有「我」這樣東西，被人打又何妨？被人誹謗又何妨？所以，真正修行人沒有苦惱這回事，既然沒有苦惱，自然就很逍遙。

經常有人告訴我說別人在批評我，我想連我都嫌自己做得不好，更何況他人！所以我不會惦記在心，即使偶爾也生氣，但一下子就消了，不會處心積慮想報復。心中既然沒有什麼放不下的事，自然也就逍遙許多。

繫念乖真，沉惛不好。

如果心有所攀緣、執著，那一定是悖離了佛道、悖離了自然、悖離了真。今天早上我問諸位的心在用什麼工夫？只要還有方法，那一定是在虛妄中。方法固然是假、是虛妄，問題是你不用方法時心中是不是就沒有東西了呢？昏沉是頭腦中沒有想到東西，此處的「沉惛」指的是重的昏沉。用方法雖然不對，然而昏沉更加錯誤。在不昏沉又不用方法時，假如心中能不攀緣，此時便與真無異。然而，心不攀緣此話怎講？就是心中沒有任何念頭，遇事卻很清楚明白。如果一個人到了真的程度，見到每個人、遇到每件事、聽到每句話對他而言都是一樣的，因為以他的立場來講這些東西都不存在。他見到的真一定不是我們見到的現象，所以能在人多時不厭離，獨處時不寂寞。

由於處於真的人面對的是眾生，所以他還是以眾生看到的世界來反應這個世界，與腦袋裡一片空白完全不同。因此，無念、不繫念並不是腦袋裡一片空白，那就類似昏沉，與真不相應了。所以諸位不要以為自己沒有念頭就到了真的境地，否則在休息時不想任何東西，豈不是開悟了？

這裡所講的自然、逍遙、不攀緣都是很舒服的事。但是如果這麼一說你們就不要用功，什麼方法都丟掉，那絕不可以！就是因為我們沒有辦法不攀緣，所以要用方法來使攀緣的心縮小，集中在一個方法上，漸漸到能不攀緣為止，也就是用方法使心由攀緣到不攀緣。我們的方法是將散心變成集中心，再由集中心進入統一心後，就可以把方法丟掉。若使用方法時心中察覺到一面用方法，一面尚有雜念出現，此時正處於要把散亂心轉變為集中心的階段，尚未到達一心。如果到後來方法用不上了，丟掉了，心中任何念頭也沒有了，此時可以給自己另一個方法，就是破這一個念頭、破這一心。因為這個心本身還是繫念，還是有念在，要把這個一念都丟掉，一定得再用方法。所以我勸大家要慢慢將心集中起來，最後連方法都不見了五分鐘、十分鐘之後，才可用參話頭的方法起疑情，疑情起了以後要保持住，才有可能破疑情。

說到這裡諸位已經知道：遇到任何失敗都是自然的，要繼續不斷努力；遇到困難時，要用逍遙心來處理；遇到雜念時，要放掉、順其自然；但是如果要到達真正的不繫念、不攀緣，還是得很努力去攀緣——努力用你的方法。好比織毛線衣，一定要一針針連起來，漏掉一針都不行。用方法時也一樣，前一念與後一念之間要綿綿密密，不要讓任何雜念進去。

勿惡六塵

不好勞神，何用疎親。

〈信心銘〉第一句就說：「至道無難，唯嫌揀擇。」意思是悟道並不難，只怕人心中有許多的取捨。三祖的用意就是要我們修行時不要太計較、執著，一計較、執著，就離開了修行的正道。

昨天有人問我：「既然修行不能成佛，為什麼要修行？」從釋迦牟尼佛以來，就說修行不能成佛，六祖惠能尤其這麼說，一直到現在的禪宗沒有不這麼說的。因此，「不好勞神」的意思就是不要向外追求，不要到處去找開悟、找佛道。佛道不在外，原本就現成，何必辛苦尋覓？對凡夫來說，發現有煩惱而要把煩惱丟掉（好像煩惱存在於自己身上），相信有佛性而希望把佛性找到（好像佛性不在自己身上），這樣一面要向內去掉煩惱，一面要向外求佛，實在很辛苦。

俗話說：「平時不燒香，臨時抱佛腳。」這種心態就是害怕死後要下地獄，趕忙求佛帶他到淨土，這些所怕所求都是心外之事。其實我們心中有天堂也有地獄，有佛也有餓鬼。如果我們貪心，希望能得到佛的救濟往生淨土，其實這種貪心就使我們不能往生淨土。認為抱住佛腳就可往生淨土，那就像《天方夜譚》裡的神話一樣，因為如果佛可以被你一把抱住的話，那是什麼佛啊？究竟的淨土沒有一定的地方，真正的佛陀沒有形象，想開悟絕不可用貪心向外追求，也不可厭惡任何東西。既然沒有什麼厭惡的，也沒有喜歡、追求的，豈不舒服、自在，還有什麼事呢？

這裡所說的「親」指的是喜歡，「疎」指的是不喜歡。喜歡的東西就貪求，不喜歡的東西就想盡辦法擺脫，其中還涉及「時間」的因素——好的情況希望能繼續得到，壞的情況希望不再發生。有時我看到人打坐沉穩得像石頭一樣，很久都不動，就會用香板把他打起來。在臺灣一次禪七中，有個人連續幾次一坐就是幾支香都不起來，上午如此，下午如此，晚上還是如此。到了晚上我就用香板打他起來，最初幾下他沒有反應，繼續打坐，我就再打，他看看我，依然沒有反應，我看他還是坐得好好的，就又去打他，這次他終於站起來對我說：「師父，

不好勞神何用疏親欲趣一乘勿惡六塵丙子長夏
節錄三祖僧璨信心銘句於清泉居

我坐得那麼好，你為什麼要打我？」禪的修行教我們不執著，如果因為坐得好就一直坐下去，每次如此就沒有進步，得到的也不是禪宗的定。這種人坐在那裡感覺很舒服、很享受，並且執著於這種舒服、享受，所以我把它打掉。

欲趣一乘，勿惡六塵。

「一乘」就是最高的道理，也就是佛道。悟到佛道與成佛不同，一個是見性，一個是成道。有人不知道海水是什麼味道，只要喝一點就知道了，但是知道海水的味道並不代表自己就變成海水。開悟與成佛的關係也是如此：見性、開悟等於嘗到一點海水，成佛則是變成海水。

「六塵」指的是現實的環境。這兩句詩的意思是：若想達到佛道，就不要厭惡現實的環境。一般人容易受環境的影響，一有什麼動靜就會擾亂他。在紐約市區打禪七，剛開始時，馬路上一輛輛車子過去聽得很清楚，心裡感到厭惡，樓上有人走動，鄰近有小孩嬉戲哭鬧的聲音，也很厭惡，可以說沒有一樣不厭惡的，原因是受到了干擾。過了三天後，才漸漸聽不到車聲、兒童哭鬧等噪音了。

我在大覺寺時，認識一個獨自到山中修行的人，住在暑假供人上山遊憩的小木屋裡。他先住在馬路邊，開車出去購物比較方便。但是馬路邊車子太多、太吵了，於是他就往裡一搬再搬，結果車聲是聽不到了，不過鳥聲卻太大了，只好放棄山中獨修。後來他問我：「師父，你是怎麼修行的？」我回答說：「我也有厭煩的時候，如果鳥叫的時候把耳朵塞起來，果然就聽不到鳥聲，卻聽到自己的心砰然作響，結果仍舊不能修行。所以，不要理會環境裡的任何東西，一心專注於方法上。」打坐時要有這樣的心理，即使房子失火、飛機失事栽到我們頭上，都不要理它，要達到這種程度才行。有人會問：「如果真的失火了，那怎麼辦？」現在你已經擔心失火，打坐怎麼能成功？所以，打坐的人要不受環境的任何影響。

有一次打禪七，某人的衣服每次甩起來都會甩到鄰座的人，鄰座的人前三天一直想換位子，但又怕師父責怪。第三天以後，他心裡就想：「本來就是在修行嘛！他衣服一甩起來就表示他要打坐了，他要打坐跟我一點關係也沒有。」以這種不受環境影響的心態修行，不管是念佛、打坐等方法，都可以有很好的成果。

智者無為

六塵不惡，還同正覺。

「六塵」指的是我們的環境。修行人對環境既不貪愛，也不厭離。享受環境時不會想到修行，厭惡環境時雖然修行但不能得力。我們的環境有大、有中、有小。就佛法而言，環境就是心、身、世界，一個比一個大。進入禪堂的第一天我就告訴各位：要忘記禪堂以外所有的事情，不打電話、不接電話、不要想過去和未來。如果你對禪堂以外的大環境，例如金錢、男女朋友、事業等等或喜或惡，念念不忘，都不能來打禪七。曾經有人下個星期要結婚，想趁機來打禪七，我沒讓他來；也有人剛結婚就要來打禪七，我也沒讓他來；有兩人是在女朋友變心後要參加禪七，我只准了一位參加——被拒絕的那位覺得他對女友既愛也恨，獲准參加的那位則認為世界本來就如此，女友現在不走，死後也會走，所以難過歸難過，卻沒有太大的執著。有的人賠了很多錢，在失望、痛苦中想利用參加禪七來使心情平靜，我則勸他們每天用點時間打坐，不必來參加禪七，因為對外在環境若有強烈的愛與恨，都是很大的障礙執著，所以不能來修行。

因此，到了我們這裡之後，應該要忘掉外邊的世界。那麼禪堂內的事呢？特別是第一次參加或第一次到新地方打禪七的人，很可能有種新鮮感，希望看一看別人在做些什麼。如果注意這些事情，你還能修行嗎？有的人則對師父的話很執著，對師父的人也很執著，老是在想師父的話、注意師父的動作。我經常聽人這麼說：「師父，我現在沒有什麼其他的妄想，都是打師父的妄想。師父講了那麼多的話，它自然而然就出現了。」這已經是到了禪堂裡的一些話，但仍是身外話。

再往裡縮小到身體，一般有兩種可能：一種是不舒服，一種是舒服，要把身體忘掉還真不簡單。因此，打坐時我們老是放不下自己的身體，不是腿痛、背痛、頭痛、這兒痠、那兒癢，就是疲倦或昏沉；另一種則是坐得很舒服，不願起身。其實，如果坐得舒服的話，不要沉迷其中；坐得痛苦的話，就把身體當作死了，這樣才能更進步到心中去。例如有人感冒了，但他認為沒什麼好擔心的，難過痛苦管他去，坐在那裡學石頭、學死人，這樣他的感冒很快就會好，生出一身大汗之後，我保證問題全部解決。但要有決心，不怕死、不怕痛才行。

再往內說到我們的心。心的環境一個是指方法，一個是指妄想，都與六塵（環境）有關。《圓覺經》說：「六塵緣影，為自心相。」意思是說，環境的影子就是我們的心，心的活動就是環境的影子，要把它丟掉後才是「還同正覺」——妄想、妄心沒有了，那就是正覺的心、佛的智慧，也就是開悟。

上面講的三個層次的環境，其實只有六塵，六塵之外沒有東西，連心也不過是六塵的影子，所以六塵丟掉以後就什麼都沒有了。

剛才講的有三種環境，分為四個等級：禪堂以外的世界、禪堂以內的世界、我們的身體、我們的心。現在你能丟掉幾層？丟到哪裡去？知道了這個層次之後，就注意盡量往裡面縮小，直到最後把自己心中的影子也擺下來。目前至少方法不能擺下來，其他的通通要擺脫。我說過，要先把自己和外面的環境孤立起來，再把自己的身體孤立，進一步把心孤立，最後連心也沒有了。

智者無為，愚人自縛。

開悟的人無事可做，只有愚蠢的人無事找事，一心掛念著要解脫，結果反而把自己綁得更緊。用什麼把自己綁起來呢？希望能從危險而到安全，從不自由而到解脫，從有病而到健康，這些都是愚人自縛的例子。「諸行無常」，世間本來就沒有真正安穩的地方，所以修行人首先就不要想到自身的安危，在山中沒有人的地方修行，很可能有毒蛇野獸，隨時有生命的威脅，但修行的人就不應該害怕，否則就不可能待在山裡；打禪七時要抱著大死一番的心情，若顧慮到安全問題最好就不要參加。其次談到自由，美國應該是全世界最自由的國度了，但是有很多東方人到美國以後卻有很多牢騷，說美國不平等、不自由，美國的社會是有很多不平等、不自由的地方，所以一直到現在還有種種的運動。我曾對這種人說：「你還沒到天堂，到了天堂只怕你連上帝都要跟他要公平，在美國還能抱怨這麼多，那上了天堂、往生極樂世界之後，抱怨一樣多。」所以一個修行人只要不為自己希求什麼、抱怨什麼，就能得到自由。愚癡的人就是要這、要那，希望能讓自己得到保障，結果卻全成了他的負擔、業障。修行人不求這、不求那，日子過得逍遙自在，那才是有智慧的人。

因此，我經常勸告參加禪七的人，不要盼望帶什麼東西回去，反而是要多丟一些東西下來，心中的東西丟下來愈多，執著愈少，禪七的成就也就愈好。東西

我經常勸告參加禪七的人不要盼望帶什麼東西回去
反而是要多丟一些東西下來心中的東西丟下來愈多
執著就愈少禪七的成就也就愈好
迷者喜歡到寂靜的地方修行開悟的人
則無所謂喜歡安靜厭惡嘈雜全看時
節因緣能在什麼地方就在什麼地方在
熱鬧的地方不會厭離獨自一人也不寂寞
這便是無分別心
聖嚴師父
信心銘講錄
丙子果正
沐手
敬書
曾允執謹製

學到了、用了之後，就已變成了自己的一部分，可以馬上丟掉；沒有用的東西不要帶走，否則徒增負擔、困擾。

法無異法

法無異法，妄自愛著。

沒有相對的東西叫作「法」。若說「有」便與「無」相對，若說「好」便與「壞」相對。西方的哲學、宗教都講求從這個追求到那個，從好的看壞的，從壞的看好的，從有限追求到無限，這些都是有問題的。佛法不講相對，也不講絕對，就是教人既不執著也不否定，因此說「法無異法」。

就修行而言，如果說「我是他，他是我」，那就錯了。為什麼？就一般宗教或哲學而言，到這種說法已經不易理解，而從禪與佛法來講依然是錯的，因為還有個東西在那裡。所以修行是從散亂心到集中心，由集中心變成統一心。統一先是自己身心的統一，再是內外的統一，然後只有前念與後念的統一心。最後連統一心也放下時，即是無心的悟境。

一些人有了身心統一的經驗，因已沒有身心的對立，便以為是放下了一切負擔的悟境，其實還早。有了內外統一的經驗之後，便覺得很不容易了，在他的經驗裡——「山河大地就是我，我就是山河大地」，這種境界只是化個人的小我成為全體的大我，尚不是無我，這種人並沒有解脫，煩惱隨時仍會產生。內外統一的下一步即是心念的統一，即停在一個念頭上，沒有前後念，此時既無內外，亦無身心，但這還不是禪宗的悟境。

「法無異法」就是教人不要心外求法，也不要心內求法，因為心外、心內都沒有法，有法就有執著。因為有一也就一定有異。許多人認為要見性成佛，佛性在我們裡面，那是錯的！如果說有個佛性在那個地方，那一定是沒有見到佛性。

很多人認為開悟後一定會見到什麼。我可以告訴大家，開悟後什麼也沒見到；如果有所見，那一定有問題！佛性本是空性，怎能見得到？不執著、不追求，才能體驗空性，而開悟就是體驗空性。若有所執著，又怎麼體驗空性呢？《金剛經》裡說「無法相，亦無非法相」，要我們不要執法相、非法相，因為執有執無都錯。當然，在未修行前或開始修行時說「我有佛性，可以成佛」是對的，但在修行時就不要執著有或無了。

將心用心，豈非大錯。

「將心用心」是開始修行時一定要用的方法，就是把心來用，用前面的妄心來對付後面的妄心，用一個妄心來減少更多尚未產生之妄心，也就是用妄心來對治妄心。因為不用方法便無法離開妄心，所以要用方法。雖然這個方法本身也是妄心，可是比起散亂的妄心要好得多。早期的禪宗或真正的禪修是不用方法的，沒有方法就是最好的方法——坐在那裡心中不想任何東西，而且清清楚楚知道自己不在想，有念頭出現時就再回到沒有念頭的情況。如果能有一、兩支香坐到這種心態與情況，那我今天下午問你們從哪裡來時，你們大概就能答出一句話來。如果我問時，你們心裡轉了很多圈：「我應該怎麼回答？」盤算著要如何回答我，那麼回答出來的話便無用了。譬如我問甲：「你叫什麼名字？」他回答：「不知道。」我又問乙相同的問題，但乙回答時心中卻想替甲回答剛才的問題，那就錯了，因為乙只想到甲，而沒想到自己是乙卻為甲回答，或是想了一下「我該如何回答」才回答，那又錯了！這時心裡沒有相對的東西存在，只有一個直心、一個平直的心，清清楚楚，這與一般所謂的直覺不同，直覺往往是錯誤的。

所以「將心用心，豈非大錯」。說的是不用心、不用方法。其實對你們來說，能做到用心的話就不錯了。這是因為過去的禪師有的是時間，可以十年、二十年一直坐下去，而諸位時間有限，白天上班，回家還得照顧家庭，實在沒有辦法像古代禪師一般不用方法一直坐下去，所以還是得用方法。但是，你們仍須明白，如果還有方法可用、心仍須用方法，就不是真正在參禪。

迷生寂亂，悟無好惡。

《六祖壇經》說：「自性若悟，眾生是佛；自性若迷，佛是眾生。」「迷」與「悟」是相對的。對於迷者、尚未開悟的人而言，有寂靜與散亂的分別，所以想著有散亂可除，有涅槃可求。但對悟者而言，是沒有喜好、厭惡的，無散亂可除，無涅槃可求。

有人誤會「寂」就是不動，沒有任何聲音、任何現象、任何反應，這是錯誤的。《六祖壇經》說：「佛法在世間，不離世間覺；離世覓菩提，恰如求兔角。」因此，離開紛擾的世間去求寂靜，猶如緣木求魚。真正修行人不厭離混亂，也不一定要到深山修行。過去禪宗祖師有許多在山中修行，那是因為他們的廟就在山裡，自耕自食；但有些禪師並沒到山裡去，而是在離城市不遠的地方。

迷時喜歡到寂靜的地方修行，悟時則無所謂喜歡安靜、厭惡嘈雜，全看時節因緣，能在什麼地方就在什麼地方，在熱鬧的地方不會厭離，獨自一人也不寂寞，這便是無分別心。

夢幻空華

一切二邊，妄自斟酌。

什麼是「二邊」？好、壞是二邊；你、我是二邊；眾生與佛陀、煩惱與菩提也是二邊；以及《六祖壇經》裡所舉的三十六對都是二邊。一般人都希望自己是個有智慧的人，不是愚癡的人，因此拚命追求智慧。就修行的立場來講，追求智慧、討厭愚癡都是不應有的態度。自認有智慧是驕傲，自認愚癡則是自卑。

大慧宗杲代表某禪師去見宰相，宰相問：「年輕法師既然是從大禪師那邊來的，想必在那兒得到了些什麼東西吧？」大慧宗杲回答：「如果我得到什麼東西，就不會到這兒來了。」其實，大慧宗杲是大禪師門下很優秀的禪修者，年僅二十多歲，尚未為人師，就已經代表去見宰相。那麼，大慧宗杲是沒有得到東西呢？還是真正得到了東西呢？

我們每天早晚課念《心經》，其中有「無智亦無得」一句。昨天我跟諸位說，你們這次是來修行，不是來開悟的。此處沒東西讓各位開悟，沒東西讓你們得到。有人希望參加一次禪七就能從毛毛蟲變成蝴蝶，其實不該有這種心態和期待，這是希望得到一邊而丟掉另一邊，都是在妄想中，會使修行受到很大的阻力。

我在禪七中常常使用一些方法、手段，我會罵人、說人沒用、沒出息、是最壞的傢伙。你也許把這些話放在心中、默默地接受下來，認為師父罵的大概就是這樣，也許也會感覺受不了，心想為什麼師父這麼看不起我，不管怎樣這兩種反應都不對。修行期間要把自尊心和自卑感放開——罵你，不要痛苦、不要反抗，讚歎你，也不必歡喜；不要理會是責罵或讚歎，也不要想是好或壞。但是挨不起打罵的人，我是不會去打他、罵他的。有的人就像剛孵出的豆芽，要好好呵護，不可用火去燒。已經成熟的人就沒關係，用愈烈的火去燒愈好。不過，禪無定法，有人第一次來我就用上很不客氣的方法、手段、態度，有人跟了我好些次，我仍是和顏悅色。

諸位在修行過程中不要認為自己是來追求什麼、喜歡什麼或不喜歡什麼，這些都不要管，只管用方法，這才是最好的態度，否則只會生煩惱。

例如坐久了腿會痛、背會疼，你不要去討厭它們，討厭的結果只會疼痛得更厲害。又如打瞌睡，不要去惱恨，愈惱恨瞌睡，瞌睡就愈厲害，因為那會使你消耗更多的能量而更為疲倦，所以只要不理它們，一心地用方法。

夢幻空華，何勞把捉。

我們眼前發生的任何事情都如夢似幻，像空中之花。天空不會有花，看到天空有花一定是眼睛有問題。我的眼睛從三十多歲開始就看到天空有花，稱為飛蚊症，現在依然如此，這是眼睛有問題，我不理它，如果愈理它就愈看愈花了。凡是發生的事，你認為是真的呢？還是假的？其實，即使任何真的事情也只是暫時的，而不是永久的。最近看到一則報導，美國有家太空公司可以把死人發射到太空，旋轉三萬六千年。這時間好長！不過三萬六千年以後也就沒有了，到頭來還是沒有。地球將來也會沒有，人類歷史也一樣，所以哪一樣是真的呢？我們從生到死沒有多少年，發生的沒有多少事，而死後這些事也都沒有了，所以都不是真的。「求真」這種想法全是妄想。所以過去禪師在開了大悟之後，有人問他禪是什麼？悟到了什麼？究竟得到了什麼？他們的回答都很奇怪，可能是「麻三斤」、

「我這件衣服多少重」。為什麼他們不回答：「喔！我已經大徹大悟了，成佛了，我知道佛是什麼！」因為那種了不起的觀感都是妄想。有一次禪七中，有人得到小小的經驗，我問他：「今天感覺如何？」他說：「嗯！今天的飯很香。」

或許諸位會懷疑，既然到最後什麼也沒得到，那麼修行做什麼？問題在於沒有修行、沒有開悟時，不知道所追求的事及現今的生活等都是虛妄；有點經驗或開悟的人便知道生活是虛妄的、假的，而所追求的一切也是虛妄的、假的。開悟就是明白什麼是虛妄的、假的。

諸位聽到這一切都是假的、都是虛妄，是否就真能把它們視為虛妄？不可能！這是因為你依然執著。如果我現在突然責罵甲，他會覺得很奇怪，為什麼師父今天專門責罵他？修行就是要我們不執著，把「自己」拿掉。沒有了自己之後，修行就是修行，而不是因為自己要修行才修行。

得失是非，一時放卻。

這兩句很容易懂，就是要放下得失、是非。一天打坐下來有人全身疼痛，有人得到很好的經驗，希望它再來。也有人覺得在這裡是浪費時間、生命，不如回

去還可以做些「有意義的事」。這種心態很容易產生，通常只要幾炷香坐下來感覺不好時，就往往會產生這種想法，而這種想法任它下去就會想要中途離去。這些全都是妄想，要即時放下。

眼若不眠，諸夢自除。

這裡字面上是說如果眼睛不睡的話，所有的夢自然而然就沒有了。此處的「眠」比喻不注意、不明瞭自己在做的事；「夢」就是亂想、有分別心、放不下。睡夢裡出現的往往與我們過去的經驗、未來的期待、想像有關，有的夢則是不清楚的亂夢，究竟是過去還是未來的，搞不清楚。打坐時，如果注意力離開了方法，那就像是做夢，會出現妄想。妄想與過去的經驗、未來的期待有關，就是與正在使用的方法無關。在方法上很多人不會用功，認為用功時每天也要有段時間休息，或坐幾十分鐘之後放鬆一下，讓方法也休息一會兒，這是錯誤的。用功好比給輪胎打氣，不要以為休息是放鬆、是充電，實際上是在放氣。應該如何用功呢？不會用功的人用的是體力，所以容易疲倦；會用功的人不是用體力，而是輕鬆地知道自己在做什麼，因此是在充電。但這並非一蹴可幾，而要靠一次一次不斷地練習。自己要放得下一切事物，並且在方法上輕鬆地用功，這樣繼續維持下去，不但打坐時在方法上，連吃飯、工作、走路……無時無刻不在方法上。能這樣的話，我保證沒有夢與妄想，而專注在方法上時，自己也許感覺不到有方法，但實際上沒有離開方法。

現在一般人修行一段時間後就要去旅行一下或散散心。用這種態度修行，等於輪胎打了氣之後又放氣，只能修到一個程度就無法再進步，但總比從來不打氣的好。所以，今天在美國用禪的方法修行而得到大成就的人可以說罕見，這也是沒有辦法的事，因為得生活啊！

萬法一如

心若不異，萬法一如。一如體玄，兀爾忘緣。

這幾句是說：心如果沒有分別，看到的一切事物都是一樣的；若一切事物都一樣，那麼它的根本是玄妙奧祕的，此時自然而然沒有攀緣心。

今天小參時有人問我，昨天我說用功用得很好時，自己的方法不見了，這是故意不見的？還是自然不見？方法不見有兩種可能：一種是人累了，心力不夠，變成一片空白或迷迷糊糊，此時以為沒有妄想，其實不是在用功；一種是用功用到方法沒辦法用，但人還是很清楚，例如數息時沒有了數字、念咒時沒有了咒語、參話頭時沒有了話頭，但自己仍然清清楚楚、明明白白。這時的心可能還有分別。若到了沒有分別，即「心若不異」的地步，則無身無心，無內無外，看一切事物都一樣，身心、內外一如，才是無分別心，並不是說不用方法，方法沒了，就是無分別心。

然而到了這個程度是不是開悟？沒有！因為尚有心在，我們叫它「統一心」或「一心」。此時感受到的是一種大我的存在，到這種程度的人信心堅固，覺得可以放下小我，而有完成大我的可能。這種經驗很好，但是否為開悟呢？當然硬要稱之為開悟也行，卻不是悟到即慧即定禪——禪不是這樣。

此處「萬法一如」中的「一如」是統一心，其後的「一如體玄」則說明禪為其體，若能領會萬法一如之玄妙奧祕時，就稱為無限，此時就是開悟。換言之，如果能夠達到一如的情況，就相當好了，但還得進一步認識其體就是禪的境界。

前面說過，如果有「一」的感覺，一定落於「二」的對立。例如有人說：「我是統一的，我整個全部就只有一。」這一定是二，因為必須有「二」與之相對才會有「一」。也有人說：「我感覺到一切皆無。」其實，這也一定是二，因為「無」不應該有東西、有感覺、有感受，感覺到一切都無，其實是一。這在外道就是到四空定，先從內外的統一和身心的統一，再到心的統一，再到沒有心的感覺。但是「連心的感覺都沒有」的這種感覺依然存在，「感覺到無心」的這種微妙的心依然存在，那還是「一」。因此，感覺到「無」還在三界以內。這個層次要分清楚。

不要從「定」的角度去看禪，而是要「活用」，這就必須對一切法沒有執著，沒有自我。「沒有自我」的意思並不是「沒有我，只有眾生」，那依然是二，因為若沒有我，怎知有眾生呢？但若說：「我在眾生裡，所以我沒有了。」這也不對，因為這還是「一」，終會落於「二」的對立。真正的禪是見到一切事、做一切事，隨著一般的生活作息，可是心不攀緣於過去、現在、未來，這就是《心經》所說的：「心無罣礙。」「沒有罣礙」就是禪。禪並不是離開現實生活，而是生活在現實裡而心無罣礙。這是二還是一？它沒有講二，也沒有講一。那沒有是什麼？沒有就是沒有。

今天有人很希望早一點小參，他說自己得到很好的經驗，希望能保持，要它來就馬上來，還說在情況好的時候，最好不工作，因為一工作情況就變了，很打擾修行。我告訴他說，昨天還在講不要有得失心，怎麼現在得到一點經驗便希望要它來就馬上來，這是什麼心？不可以如此！要自自然然，來了就來，不能說下次再來。禪的修行和一般修行不同，不是要入定，而是要在生活中能放下一切，身心自在，要修練到這種程度。所以打坐坐得好，若一工作就會打擾你，這還是禪的訓練嗎？有一種磨鍊的方式就是要你在好的情況時變壞，壞了之後再努力變好，而你得隨時說它是好才行。因此，在禪七期間我有時看人坐得太好了，坐了好幾支香沒起來，在那裡享受靜的境界，就會用香板把他打起來，否則他就耽迷於其中而沒有進步。但我也看情形，有些人情況好，坐得不吃飯、不起來做早晚課也沒關係，讓他繼續體驗也很好。但若是執著於它，就要挨香板。總之，次第定不是禪，禪也不是次第定，一般所謂的定，與禪沒有關係，所以在禪七中，我們不以入定為修行的目標，也不希望禪眾入定。

我可以用禪的方法直接到無，於是有人問：能否從定而不經由禪的方法到達無？可以的！但要看用什麼指導法，方法不對是到不了無的。因為在定中，並不知道什麼是真正的無，也許他以為自己所體驗到的就是無，縱使修到「四無色定」的「無所有處」或「非有想非無想處」，仍未脫離三界的生死範圍。所以一般專修禪定的人講「空」講「無」，是有問題的。

萬法齊觀，歸復自然。

這裡說的是兩個層次：「萬法齊觀」是到達大我、到達一心、到達統一；

萬法齊觀歸復自然
三祖僧璨信心銘句之一丙子夏
於清泉居明窗曾允執敬書

「歸復自然」是死了又活。「萬法齊觀」的境界是小我死了，而大我還在。如此再進一步，應該讓那個大我也融化，然後回歸於自然、活起來。修禪必須死兩次，在小死、大死之後才能大活，恢復到日常生活。所謂「小死」就是吃飯不知吃飯，睡覺不知睡覺；「大死」則是粉碎了統一的我，達到無我的境界，實際上就是開悟見性。大死之後又要能回到生活中，活用於生活裡，進入正常的生活世界，恢復自然，這又叫「活」。大死和大活是一起的，能大死就一定能大活。因此，這裡有兩種死法：小死不能活，大死能大活。

有一次我說到小死、大死，就有人要在禪堂裡死給我看。他說：「師父講死，我就死在禪堂裡。這裡大家在修行，我就有功德了。」我說：「你這樣的死是會下地獄的。你死在這裡，天氣這樣熱，屍體臭死了，妨礙大家用功修行。」大死很難，小死也不簡單，這種死和生理的死不同，不是自殺給我看就是大死，而是在精神上自我中心的死。生理死後依然流轉於生死之中，而精神上的自我中心，從小我到大我的死，與肉體死上千百次是不相干的。

泯其所以，不可方比。

若把所做、所想的一切對象全都放下，就像要抓什麼、靠什麼東西都沒著落，自然而然處於一種無心的狀態。只要放下對象就沒有自己，當然也就沒有自己可抓。有人問我：「如何把『我』拿掉。」我說：「『我』是拿不掉的。」許多人都不清楚我是什麼。身體是我？思想是我？都不是！念頭是我？接近了一點。應該是「我的對象是我」。事實上我不在內，我們的內在根本沒有我，而是我的對象。然而，「我的對象」是什麼？

一般的修行一定有個東西讓你依賴，好像做為過河的船或橋；對禪而言，「沒有方法就是方法」，也就是「以無法為法」，是沒有橋給你，也沒有船給你，因為根本就沒有河；迷時有河，悟時無河，既然如此，便無需船、橋，一下子就過了。這就是禪的方法。能夠放下攀緣心就是放下對象，能用此法當下就是大徹大悟的人！至於是臨濟宗的方法還是曹洞宗的方法就無需過問了。

我多年前在紐約長島的菩提精舍時，提到一個比喻：修行是種愚蠢的行為，但這種行為還是一定要有的，這就像有座玻璃山，山上塗滿了滑溜溜的油，我們爬了幾步就滑下來，但還是一直爬，到最後精疲力竭，自問究竟山在哪裡時，山竟然不見了，或是當你根本爬不上去時，卻突然發現自己已經在山頂了——你原來的位置就是山頂！既然如此，又何必爬山呢？這是不一樣的。沒有爬以前是在山底下，現在爬了以後雖然還在原地，可是是在山頂上。自己發現在山頂和原來覺得在山下是不一樣的。諸位，爬山是很辛苦的，去爬塗油的玻璃山那更非有傻瓜的精神不可，如果你們願意當傻瓜，那就爬吧！

正信調直

止動無動，動止無止。兩既不成，一何有爾。

這四句話的意思是說：世間都把「止」與「動」看成兩個相對的概念，所以修止的人，要去停止動亂的心而使之不動。禪則不然，到了「無心」的地步，一切的動自然停止，絕對停止，此時「止」這樣的概念也根本不存在了。所以從禪的立場看，「止」與「動」二者都不成立，既沒有「動」也沒有「止」，什麼都沒有，那又怎麼會有「一」呢！當然是沒有的。一般宗教講到「一」就提到神我、大我，這都是有問題的。而禪悟是講「無」的，因為有「一」就一定有「二」，所以禪悟連「一」都沒有。

諸位到這個地方來受七天的磨鍊，吃七天的苦，應該叫作「苦七」，不叫「禪七」，因為禪是不用方法的，但在這裡我卻教你們用方法，那是用方法來代替妄念，而方法本身就是妄念，以統一、有規律的妄念來代替紛雜、無規律的妄念，用方法來止住那個動，其實方法本身就是動，此時有動有止，兩者對立，這不是禪。相反地，停在同一個念頭上不動就叫「止」；念頭動得很慢很慢時，你感覺它好像不動了，這是比較的止；如果念頭動得非常非常快時，可能又感覺到不動了，那也是比較的止。

有些人進入初度禪定，就認為心已經到了「止」。沒這回事！其實，心即使到了「非想非非想處天」也還沒到絕對的止，也就是說，最高的定依然沒到絕對的止，心始終在動。

慢的止，有人有這個經驗，也容易了解。至於快的止可以用兩個例子說明。如果把兩個小時的錄音帶轉錄到一分鐘的帶子上，播放時除了單調的「唧——」聲，什麼也聽不清楚。又如把塗有七色光譜的圖板轉到極快時，七色不見了，只見白色。

究竟窮極，不存軌則。

此二句是說修行到了最後沒有一定的軌則，不可以、也不需要以世間的道德或倫理來衡量它，它對一切事物是最自然地反應，對眾生不同的需求也自然產生不同相應之道。對一般人而言，不依人間的知識、倫理、道德的軌則是不行的，可是大智大慧的人就用不到軌則了；如果依軌則而行那還是有一有二、有動有止，依然是不自由、不自在。

如果誤解了這句話，認為禪是自由的、不遵守規則的，禪修者可以做任何事，那就麻煩了！美國西部有位禪師的弟子聽他師父說解脫自在，他就自認解脫自在，人家睡覺時他在屋外睡，人家吃飯時他把大便放在飯桌上，後來被師父趕走了。這個人我見過，他到紐約來，我們一起吃過飯，但那天他沒有拿大便上桌。還有些人沒開悟就學「不存軌則」，他們認為自己未開悟但能學一學，這樣漸漸習慣了，也等於是開悟。這種人生活散漫，不守修行人的規矩，引人側目。像六〇年代的嬉皮反傳統、反社會，有人就以為嬉皮是向禪學來的。絕非如此！禪的境界要是那樣還得了，嬉皮現在沒有了，禪不就也沒了？

六〇年代的嬉皮給禪帶來很壞的名聲，但他們之中也有一群對禪很誠懇的人，也著作了一些相當重要的書，產生了相當大的影響，如介紹寒山的詩給英文讀者。若沒有這群人，可能現今禪宗在美國被接受的程度會減低不少。所以，我說他們當時對禪宗有些誤解，但並不是沒有貢獻。

虛雲老和尚頭髮沒剃，可是他的弟子沒有一個不剃頭的。他自己不剃頭是因為修行期間沒有時間剃頭，以後養成了習慣。有人說虛雲老和尚不剃頭大概是裝瘋賣傻。其實他的生活非常嚴謹，絕不是不守規矩的人。有人問：「禪宗好像很瀟灑自在？」我說不是，一定要有堅實嚴謹的基礎才能有瀟灑自在、不存軌則的表現，否則就是自害害人了。

啟心平等，所作俱息。

「啟」是「開發」而不是「產生」的意思，「啟心平等」就是把平等心、無二邊、無分別的心開發出來。如果心到了平等的境地，做任何事等於沒做；因為心中沒有執著、沒有牽掛、無好無壞、無內無外、無自無他，還有什麼好去「作為」的呢？因此，「所作俱息」就是如阿羅漢的「諸事已辦」或《六祖壇經》所講的：「憎愛不關心，長伸兩腳臥。」這並不是不工作的意思，而是做任何事根本就無心，或者說雖然用心，但用的並不是自我中心的執著心，只是眾生心的反應而已。

狐疑盡淨，正信調直。

到了這種程度，心中不再有任何懷疑、混淆。這裡的「狐疑」不是指普通人的懷疑，普通人的懷疑是不信；至於信了但還沒有親自去體證，這依然是在狐疑的狀態。親證佛性的人才能得到正信，不但相信心是平等無二，而且絕對正直。「調直」是從此不再有歪曲的情況發生，沒有錯誤的判斷或做出錯事；依佛法來講，就是不會再做出違背佛法的事。凡夫以分別心來處理事情，多半不準確，而徹悟的人處理任何事情絕對正確。

信可以分為迷信、仰信、證信三種：迷信是完全不知道，盲目的信；仰信是別人信，聽說這很好，他生起敬仰心，也就跟著信；證信則是自己親證明瞭。迷信與仰信均有疑，一直到證信才沒有狐疑，所以證信是不簡單的。

今天我們用了拜佛和快走兩種方法，我都以三個層次來說明：首先，我注意、指揮我的身體去動；第二，我不做什麼，只看著我的身體在動；第三，不知有我，只有身體在動。第一個層次很清楚不是平等心，是分別心；第二個層次的情況還是對立的，自己不做，看著身體在做；第三個層次看起來好像已經沒有「自己」這個東西，可是還曉得有動作在做，是淡忘了自己，把自己看得很淡很淡，但還存在，看起來好像是統一了，只有一個它在那兒動，而沒有我，其實還是有我和它對立。這是有修習方法的時候。如果進一步連方法也沒有了，有可能到達了統一；統一可能是定，也可能不是，今天的用功是要大家朝向將心「統一」的目標努力。至於如何使「一」也不存在，參話頭是最好的辦法。如果你們能到「一」的感受時，我就用參禪的方法來教你們參話頭。

自私者放不下自我，是不可能開悟的，所以修行一開始就要發無上菩提心，而〈四弘誓願〉的第一願便是普度眾生。但若僅靠發願來放棄自我，其他事都不做，那是「空願」。「願」是目標，必須一步步實踐，未開悟前便要幫助他人，救度眾生。

有人問，心變成一，是否意味意識的心與潛意識的心統一？另一個複雜問題是：佛教承不承認有潛意識的心？佛教沒有潛意識這個名詞，凡是意識作用都是第六意識，只要出現，它就是念頭。這問題與修行不相干，只是讓各位在知識上認識一下。

虛明自然

一切不留，無可記憶。虛明自然，不勞心力。

世間任何事情都如空中鳥跡、鏡中影像。小鳥從一棵樹飛到另一棵樹，在空中留下了什麼？你站在鏡前看到自己的影子，離開後鏡中又留下了什麼？心也應該如此：不管發生了任何事，都不該在心中留下痕跡。我們不能否認鳥兒確實飛過，鏡子確實映照過。然而，正因為鳥兒沒有留下痕跡，其他的鳥兒才能自由自在地飛行；正因為你的影像沒留在鏡子裡，其他人才能在鏡中照到各自的影像。如果鳥跡留在空中，那麼天空看起來還會像現在一樣空曠嗎？如果人影留在鏡中，那麼鏡子還能映照嗎？

同樣地，人在修行時，捨不下既有的知識和經驗，那只會增加障礙。比方說，從前在其他老師那裡所學到的任何東西都像鳥跡或鏡影。打禪七時，如果這些東西都留在心中，就無法吸收我所教的，因為這些影跡成了干擾和障礙。在第一天晚上，我就要你們忘掉過去發生的一切——不要把這次禪七中發生的事情和以往的經驗比較。

「無可記憶」並不意味像木石般，其實心依然清清楚楚知道，只是不引發這些記憶來做比較和判斷。仰山慧寂問溈山靈祐：「百千萬境一時現前，怎麼辦？」溈山說：「青不是黃，長不是短，諸法各住自位，非干我事。」鳥兒的確飛過，鏡子的確映照過，但與你無關。現象會改變，但心不為所動。這樣也就能夠「虛明自然，不勞心力」了。雖然我們尚未親證到這樣的境地，但是已經知道理應如此，則心中再有任何事相反應出現，都應放下，讓心裡不留東西。

某次禪七有人覺得禪堂太熱了，所以衣服一件件脫，但環顧左右，其他人好像都不在乎熱。最後他忍不住了，就跑來跟我說太熱了，希望准許他到室外透透氣。我說：「你之所以覺得那麼熱，是因為心想天氣熱，愈這樣想，就愈覺得熱。如果把心放在方法上，就不會覺得熱了。」他聽了我的話，果然有效。這是由心所生出的煩惱。環境也許會製造一些煩惱，但如果你的心不跟它合作，就不會構成問題。

一切不留無
可記憶虛
明自然不
勞心力三祖
僧璨信心銘
句節錄其一
丙子蒲月
於清泉居
曾允
沐手敬書

非思量處，識情難測。

心無一物的境界是不可能解釋的。前幾個晚上我一直在講無心，有人便問我：「師父說的無心到底是什麼？」我說：「無心就是無心。即使我告訴你，你還是不會知道的。不能用推理或知識去思量它，只能憑藉個人的經驗去體會。」

我十多歲時，有人告訴我說他耳鳴，他的耳朵裡面有聲音在叫。我要他描述，他說就像蟲唧唧地叫，我還是不明瞭那像什麼。到了我四十多歲時，因為過度勞累，也患了耳鳴，自己體驗到了。如果生理上的經驗不容易描述，那麼禪就更難描述了，因為禪超乎了一切日常的經驗。

真如法界，無他無自。

「真如」意謂真正像這個樣子，指的是萬物如其本來，沒有永恆、獨立、不變的存在。有些人以為真如是某種永恆的、能夠把握的東西，其實並沒有這種東西，所謂「真如法界」是空而無我的。許多修行者想要發現自性，把自性和佛性、真如看成是同一件東西。但這暗示了某種存在，以為開悟的結果是煩惱不見了，真如、佛性出現了，好像有個「我」證得了真如佛性，那就大錯了。其實，親證真如時，既無自己，也無他人。

有人對我說：「我知道我所熟悉的自我是假的，我要找到真正的自我。」我回答說：「你現在擁有的自我是假的，但是將來找到的真正的自我也是假的。然而，你必須試著去找到它；如果不去找，你還是永遠不知道它是假的。」

要急相應，唯言不二。不二皆同，無不包容。

意思是說：真如重要的是在於相應的本質，例如佛與眾生相應，眾生與眾生相應，天地萬物皆有相需互動的關係等，能彼此相通則既不是「二」，但又不是「一」，只能稱作「不二」了。例如一男一女相戀而結婚，組成一個家，這是由二而一，但是一夫一妻雙方的個體人格依然有別，這樣的相應關係，我們就叫它「不二」。於是有無不二、自他不二、陰陽不二……用這意義來說明萬法，則萬法皆在「不二」之中。「不二」代表了無心之心，亦即悟後的智慧，因為如果說這裡頭有東西，是錯；說裡頭沒有東西，也錯，所以只要說「不二」就好。

《六祖壇經》說「煩惱即菩提」，但能不能倒過來講「菩提即煩惱」呢？那要看情形而定。「煩惱即菩提」對正在修行的人而言是對的，這樣可以讓他勇於面對煩惱，不討厭煩惱。「菩提即煩惱」對正在修行的人而言則是不對的，因為這樣，他就不會去修行了。但是對已完成修行的人來說卻是對的，因為他已證得根本沒有菩提這樣東西，有的是眾生的煩惱，是因眾生的煩惱而顯現菩提。諸位都是正在修行的人，經過幾天的用功一定特別感到自己的業障深重，成天和煩惱兜圈子，被煩惱重重包圍著，現在有了這個理解之後，就不要再討厭煩惱，只要努力修行就好，離開了煩惱，哪裡去找菩提呢？所以見到煩惱就像見到了菩提，這才是修行的正確態度。

信心不二

十方智者，皆入此宗。宗非促延，一念萬年。

「十方智者」就是普遍的、所有的有智慧的人。佛經裡的智慧稱作般若，與一般人所說的智慧不同。般若分成三種：一種是世間智，一種是世出世間智，一種是出世間智。三者中以世出世間智是最上等的智慧，因此所有的智者都是由這個門入。「宗」可以解釋為目標或終點，即指真如法界。

「宗」就時間而言既不是短，也不是長。如果說是短暫，則淪為「斷見」；如果說是永恆，則淪為「常見」。二者都是邊見、外道之見。佛法在時間上沒有長短的問題，講「無始」，也講「無終」。「無始無終」是不是「常」呢？這很難講。怎麼叫「常」？是永恆嗎？恐怕不是，因為世上所有的東西都在變，所以不能說有樣東西是永恆的。說它不永恆嗎？但是「變」這個原則卻是永遠不變的。

因此，「一念萬年」也就是指在一個念頭上一直下去。但這是不是「常」呢？

前面說過，在淺定中當然念頭會動，就是到了深定，只要有念在就有動。因此一般人講「止」、「定」或「我的心不動」，其實沒有這回事，因為這都是相對的，只是自以為不動而已。佛經中說：只有深定的人才能清楚知道念的生滅現象；禪定的力量愈深，感覺愈微細，對於自己念頭的動態知道得愈清楚。未入定的人，不知道念頭的動況；可是入定之後，定愈深，愈能感覺到前一層次心動的程度，但對於現在的心並不知道，以為現在的心是定，等更深入一層後，又發現前一層次的動。所以，深定中的人能發現念頭一剎那有六十生滅，一般人是根本不可能發現的。而且在深定中對念頭的生滅不是「觀察」，而是「知道」，清楚知道前面的定是淺的，念頭也未真正停止。這是世間定的情形。所以，「一念萬年」絕不是普通的定，而是無念。然而「萬年」是否就指一萬年的時間呢？其實，既是「無念」，便無時間，所以用「萬年」來形容沒有時間的限制，也就是處於無念的狀態。無念即無限；一瞬即萬年。因此，這兩句詩有兩種解釋：一是心不動，一是無心。

世間的定心是動的，但無念可說是出世間的定，應該是阿羅漢的「滅受想定」，或禪宗的無住、無相、無念。阿羅漢的定力達到「無生法忍」，有些經典說相當於初地菩薩，有些說相當於八地菩薩。禪宗不用以上解釋，只要一時有此情況出現也是好的，也是「萬年」。

前面所謂的「宗」不是「永恆」，因為佛法根本不接受永恆不變的現象，但也不是「不永恆」。例如：「變」和「宗」的關係如何？「變」是現象，「宗」是它的根本，了解了沒有永恆的變，就是了解了宗。

無在不在，十方目前。

這裡談的依然是「宗」、真如法界。說它在不對，說它不在也不對。真如遍法界，不能說「這」就是真如，因為它並不代表真如，卻又沒有離開真如。「無在不在」講存在不存在，「十方目前」則肯定它的存在，而且它的存在不僅是目前事物的存在，而且十方一切都存在這裡。

「十方三世諸佛於一毫端轉大法輪」也是相同的意思。就義理上來說，好比牽一髮而動全身，如果掌握了目前就能掌握十方。然而，是不是真正如此呢？這得看悟境的深淺；解脫到何種程度，悟境就到何種程度，時空長短大小的自由也就到何種程度。

就原則而言，凡夫也可以說十方就是目前、目前就是十方，但縱使意思懂了，依然是霧中看花；但就經驗、修證而言，開悟，尤其徹悟的人看了這兩句，即明白就是這麼一回事。

極小同大，妄絕境界。極大同小，不見邊表。

「極小同大」、「極大同小」很容易懂，既然「十方」就是「目前」，反之「目前」也就是「十方」了。此時已泯滅了時空、長短、大小的對立，當然也就到達了完全沒有虛妄的真如法界，也再沒有邊緣、表面的限制。

因此有人問：「成佛之後，這個身究竟在哪裡？」佛有三身——化身、報身、法身。化身佛成佛後還在人間；報身佛是為了度聖位菩薩而出現，因此也有時空的限制；法身佛則不受任何時空的限制，可以大到無限大，也可以小到無限小，因為無我，所以一切眾生就是他，所有地方都有他，凡是明心見性、悟入佛性的人，隨時隨地都能面對佛的法身。

有即是無，無即是有。若不如是，必不須守。

「無」就是無執、無我、無固定形象；「有」則是存在著的一切因緣法、因果法。法身佛就是真如實相、真如法界，也就是禪，它無處不在，只要修行程度到了便會體驗到，所以是「有」，但又不能執著它是「有」。「無」為何是「有」呢？因為「真如」即「法界」，十方三世一切不離真如，所以不能說是「無」。古代禪宗的祖師們應答弟子所問，有的祖師專門講有，有的禪師專門講無，有的禪師則有時講有，有時講無，因不同的對象與時機而做不同的表達。事實上，不管講有還是講無，都是同樣的東西。

有位法師對我說：「禪師是瘋子，你說有，他偏說無，你說無，他偏說有。」我就問他：「那你的看法如何？究竟是有還是無呢？」他說：「佛說不可說、不可思議。」我說：「那好了！既然不可說、不可思議，那麼說有、說無不都是執著嗎？」

「若不如是，必不須守」，是敦促修行人，如果不是這種情況的話，那就錯了，一定要把它們放下，如我執、法執、執有、執無、執大、執小、執常、執斷等等。

一即一切，一切即一。但能如是，何慮不畢。

前面大同小、小同大，指的是範圍，此處「一即一切，一切即一」，指的是數量，即個別的存在和全部的統一。個別的數量總合起來就叫一切，但實際上沒有離開一。要注意的是「一即一切」、「一切即一」必須兩句並說，不能單獨說「一即一切」或「一切即一」。如果只說「一即一切」，則抓到一就是抓到一切，我抓住甲就是抓住所有的人，我度了甲成佛就是度了所有的人成佛，甲今天得到很好的經驗就是所有的人都得到很好的經驗。這當然是不通的。至於只說「一切即一」，則要所有眾生全部成佛以後，其中之一的眾生才算成佛，那世間就不能有先成佛的眾生了，這也與事實不符。所以「一即一切，一切即一」要合起來說才正確。

「但能如是，何慮不畢」，只要能達到上述的程度，還憂慮有做不成的事嗎？禪修也是一樣，只要能達到上面所說的，就已經進入禪的世界了。

信心不二，不二信心。

「信心」就是相信這個心。這個心就是「無心」的那個心。你相信自己這個心和被相信的那個心是同一個東西，而不是把「信」和「心」分成兩個東西。所以〈信心銘〉的意思只有一個心，沒有其他東西，但還是得從信仰的「信」開始。信仰什麼呢？要相信我們有個平等心、真如的無差別心、或無心的那個心，只要離開了分別心，那信仰的凡夫心就是真如心了。若不從信心開始，則無從著手。必須相信〈信心銘〉所講的每一句話，並照著去做，就能實證到無心的那個心。

言語道斷，非去來今。

到最後根本沒有辦法說了，因為到了「信心不二」的程度便不須用語言來表達，從時間來說也沒有過去、現在、未來。

禪七開始時，我就要求各位不想過去、不想未來，只把注意力擺在當下來用功，可是有沒有現在呢？「現在」這種感覺是心在感覺，心一個個念頭的滑動就叫「現在」。念頭不動，則心不停留在任何一點，當然就沒有現在。當我們的方法不見了、念頭不滑動了，進入了靜止狀態，也就是心無妄念、心不動時，此時就是現在，真正的現在。

因此，這裡可以分為三個層次：1. 我們是在現在用功、用方法修行，把過去、未來放下，只抓住現在，這是有方法的，這時時間在方法上；2.入定後方法不見了，沒有離開現在，可是在感受上沒有現在；3.悟後根本無心，當然沒有現在。

在修行過程中有過去、現在、未來，但徹悟之後沒有過去、現在、未來。在修行過程中需要借助言語，像我們在禪七中用〈信心銘〉來指導禪修，但實證了「信心不二」後根本不需要言語、不需要〈信心銘〉，當然也更不需要註解〈信心銘〉了。

國家圖書館出版品預行編目資料

心的詩偈：信心銘講錄 / 聖嚴法師著. -- 三版.
-- 臺北市：法鼓文化, 2015.11
面； 公分
ISBN 978-957-598-685-8(平裝)

1. 佛教修持

225.7 104019706

禪修指引 7

心的詩偈——信心銘講錄

A Collection of Talks on Faith in Mind

著者 聖嚴法師
插畫 曾中正
出版 法鼓文化
總審訂 釋果毅
總監 釋果賢
總編輯 陳重光
編輯 林文理、李書儀
封面設計 黃聖文
美術編輯 Rooney Lee
地址 臺北市北投區公館路一八六號五樓
電話 (02)2893-4646
傳真 (02)2896-0731
網址 http://www.ddc.com.tw
E-mail market@ddc.com.tw
讀者服務專線 (02)2896-1600
初版四刷 一九九七年八月
三版五刷 二〇二三年十月
建議售價 新臺幣一六〇元
郵撥帳號 50013371
戶名 財團法人法鼓山文教基金會—法鼓文化
北美經銷處 紐約東初禪寺
Chan Meditation Center (New York, USA)
Tel: (718) 592-6593 E-mail: chancenter@gmail.com

法鼓文化